中国证券博物馆
CHINA SECURITIES MUSEUM

2020年 第1辑
总第2辑

中国证券博物馆 编

中国金融出版社

责任编辑：曹亚豪
责任校对：刘　明
责任印制：张也男

图书在版编目（CIP）数据

中国证券博物馆.2020年.第1辑：总第2辑/中国证券博物馆编.—北京：中国金融出版社，2020.6

ISBN 978－7－5220－0631－4

Ⅰ．①中… Ⅱ．①中… Ⅲ．①证券市场—史料—中国 Ⅳ．① F832.97

中国版本图书馆CIP数据核字（2020）第088673号

中国证券博物馆.2020年.第1辑：总第2辑
ZHONGGUO ZHENGQUAN BOWUGUAN. 2020 NIAN. DI-1 JI: ZONG DI-2 JI

出版
发行　中国金融出版社

社址　北京市丰台区益泽路2号
市场开发部　（010）66024766，63805472，63439533（传真）
网上书店　http：//www.chinafph.com
　　　　　（010）66024766，63372837（传真）
读者服务部　（010）66070833，62568380
邮编　100071
经销　新华书店
印刷　北京侨友印刷有限公司
尺寸　215毫米×280毫米
印张　7.25
字数　142千
版次　2020年6月第1版
印次　2020年6月第1次印刷
定价　36.00元
ISBN 978－7－5220－0631－4
如出现印装错误本社负责调换　联系电话（010）63263947

策 划

主　编	副主编
黄红元	徐毅林

编委会成员

张卫东　　金　星　　张冠琼

| 联系我们 |

电话：021-38612105　　邮箱：zgzqbwgnk@sse.com.cn

地址：上海市虹口区黄浦路 15 号　　邮编：200080

本书部分图片或文字来源于互联网等公开渠道，其版权归属原作者所有。如有版权相关事宜，请发送邮件至联系邮箱。文章仅代表作者个人观点，不代表本书立场。

目录 CONTENTS

■ 卷首语
001　三十年，不忘初心　三十年，砥砺前行　　　　　　　　　　中国证券博物馆

■ 人物访谈
003　上海证券交易所是如何创建的　　　　　　　　　　　　　　张持坚
015　陈宝瑛：奔走半生，期货终是信仰　　　　　　　　张晓刚　牛牧原

■ 风云笔谈
020　深圳金融改革拓荒之路　　　　　　　　　　　　　　　　　王喜义
029　中国证券业协会对行业自律管理的早期探索　　　　　　　　马庆泉
034　证监会成立第一年的工作回眸　　　　　　　　　　　　　　韩滨生
036　我与上交所一起见证中国资本市场对外开放发展历程　　　　王惠众

■ 专题研究
041　砥砺前行的新中国证券市场　　　　　　　　　　　　　　　刘　钊
050　革命根据地股票发行的主要特点析论　　　　　　　　　　　万立明

■ 文博论坛
062　多元和包容：对行业博物馆建设与发展的探索　　　　　　　金　星

■ 从老股票看历史
068　曾经《良友》遍天下　　　　　　　　　　　　　　　　　　高芳芳

■ 峥嵘岁月
082　"大众"，与新中国证券市场一起成长　　　　　　　　　　杨国平
088　无形席位交易开先河　　　　　　　　　　　　　　　　　　杨宇慧
091　我的"红马甲"生涯　　　　　　　　　　　　　　　　　　夏宏建

大事记

095 中国私募股权投资基金大事记（1985—2019） ———— 赛领资本

102 中国证券博物馆大事记（2018—2019） ———— 中国证券博物馆

博物馆动态

105 致谢 2019——中国证券博物馆捐赠藏品和口述历史展

博物馆启事

108 "承史传世·岁月流金"有奖征集活动评选结果

109 中国证券博物馆吉祥物设计有奖征稿

110 《中国证券博物馆》征稿启事

卷首语

三十年，不忘初心
三十年，砥砺前行

———— 中国证券博物馆

1990年，上海、深圳两家证券交易所开业，标志着改革开放后集中交易的证券市场开始形成。同样是1990年，郑州粮食批发市场引入期货交易机制，新中国商品期货市场开始试点。

三十年来，中国资本市场从小到大、由弱到强，与全球资本市场的关系愈加紧密，不仅实现了跨越式发展和历史性变革，也为中国金融体制改革和经济社会发展作出了重要贡献。党的十八大以来，在习近平

新时代中国特色社会主义思想和党的十九大精神的指引下，资本市场有关各方紧紧围绕统筹推进"五位一体"总体布局、协调推进"四个全面"战略布局，按照党的十九大明确的"三大攻坚战"和全国金融工作会议确定的"三大任务"，全面深化改革，扩大对外开放，扎实推进资本市场在实现经济发展质量、效率、动力"三大变革"和构建现代化经济体系方面发挥的重要作用。

习近平总书记指出，博物馆是保护和传承人类文明的重要殿堂，是连接过去、现在、未来的桥梁。在庆祝改革开放四十周年的2018年，中国证券博物馆成功揭牌。中国证券博物馆记录、收藏、展示了我国资本市场发展进程中的重大事件和重要藏品，为资本市场注入了文化基因，也为文博行业填补了空白。中国证券博物馆将围绕"打造一个规范、透明、开放、有活力、有韧性的资本市场"的总目标，主动对接资本市场的文化需求，努力建设成证券期货业"不忘初心"的教育基地和证券期货从业者的精神家园，打造中国资本市场的新名片和中国金融文化的新地标。

知往鉴今，启迪未来。在我国全面建成小康社会又恰逢中国资本市场三十年的2020年，《中国证券博物馆》正式创立，旨在记录中国资本市场发展历程，留存亲历者第一手回忆性史料，共享证券期货历史文化研究成果，搭建资本市场各参与者分享经验、交流文化、共勉共进的平台。

博物馆是适合讲故事的地方，中国证券博物馆是讲中国资本市场故事的地方，《中国证券博物馆》就是那本故事书。

上海证券交易所是如何创建的

口述：龚浩成　尉文渊
访谈人：张持坚

龚浩成，1927年出生于江苏常州。1947年就读于国立上海商学院（上海财经大学前身）银行系。新中国成立后长期在上海财经大学任教，后任副校长。1955年加入中国共产党。1984年起担任中国人民银行上海市分行副行长、代行长，1987年任行长。1989年筹建上海证券交易所三位负责人之一。交易所成立后，任交易所常务理事，后主持理事会工作。

尉文渊，1955年12月出生于山西孝义。1970—1975年在新疆伊犁当兵。1973年加入中国共产党。恢复高考后考入上海财经学院(现为上海财经大学)财政金融系。1983年毕业分配到北京，参加组建审计署，后任审计署教育培训处处长。1989年调任中国人民银行上海市分行金管处，任正处级副处长。1990年7月参加上海证券交易所筹建，11月26日上海证券交易所成立后被聘为首任总经理。1995年辞去上海证券交易所总经理职务，自主创业至今。

人物访谈 INTERVIEW

前言

" 1990年底上海证券交易所的创建，是上海也是中国改革开放中的一件大事。回顾这段历程，是给后来者上了一堂生动的敢于担当、勇于创新的"改革课"，那种不畏风险的改革气魄和为促进国家发展的远见卓识，令人深感弥足珍贵，对于我们今天面对种种困难勇挑担子、坚定深化改革和创新的决心和信心，具有激励作用。

三人领导小组

龚浩成：

上海证券交易所筹建时有个"三人领导小组"，它是1989年12月2日在上海市委常委扩大会议上由时任市委书记、市长朱镕基宣布的，领导小组的成员分别是：时任交通银行董事长兼行长李祥瑞、时任上海市体改办主任贺镐圣、时任中国人民银行上海市分行行长的我。李祥瑞于1997年1月因病去世，贺镐圣后罹患阿尔兹海默症失忆，于2019年去世。我今年虽然已经九十三岁了，但因筹建上交所是件大事，仍清晰地记得。

不要怕，大胆干

龚浩成：

上海市委这次会议，是研究如何深化金融体制改革。与会的有市委常委、市政府主管经济工作的领导，时任中国人民银行副行长刘鸿儒应邀到会。会议邀请了李祥瑞、贺镐圣和我三位参加，上海其他银行的行长和市体改办的相关领导也参加了会议。此外，会议还邀请了两位理论界代表，华东师范大学老教授陈彪如和上海财经大学年轻的金融系副主任刘波。

会议由朱镕基主持。主要议题有两个，一是要不要引进外资银行；二是建立上海证券交易所。对第一个议题大家没有不同意见，一致认为已经到了该引进外资银行的时候了。对第二个议题则顾虑较多，认为问题比较棘手，主要是：中国究竟能不能搞股份制？国有企业改成股份制会不会私有化？发展资本市场会不会造成国有资产流失？搞股票交易会不会助长投机、扩大贫富差距甚至引起社会不安定？老百姓把储蓄的钱拿出来买股票，会不会影响国有银行吸收资金的主渠道作用？朱镕基问李祥瑞："老李，你看交易所可不可以建？"李祥瑞回答说："我看还是有点风险。"朱镕基问："什么风险？"老李说："主要是政治风险。"朱镕基又问我："老龚，你认为怎么样？"我从经济条件上作了分析，认为建立交易所急了一点、早了一点："现在有条件上市的公司太少，最好有100~200家公司有条件上市，其中50~100家能够上市，到那时建立证券交易所就会水到渠成。"朱镕基又掉过头来问贺镐圣。老贺的回答是："不要管它，先建立起来再说，在建设中发展壮大。"

朱镕基在听取了刘鸿儒和其他与会同志的意见后说，上海要加大金融改革的步子，重现昔日国际金融中心的风采，首要的工作是开放外资银行进入和建立证券交易所，这是改革中两个最迫切的问题。他说，建立证券交易所，发展股票市场这项工作要大胆做，

图1　1990年12月19日，上海证券交易所开业典礼（杨宇慧拍摄）

尽管有阻力，有一点政治风险，但是上海如果不采取一些深化改革的措施是搞不下去的。这两年市财政亏损补贴直线上升，1988年增加9亿多元，1989年增加13.7亿元。企业资金紧张，负担很重，今年承包基数难以完成，明年将更困难。从国家层面来考虑，再不想点办法上海怎么能为国家多作点贡献？所以金融问题的研究意义非常重大。我们要为此作出努力，加快改革的步伐，树立上海新的形象。

最后他拍板决定，成立由李祥瑞、贺镐圣、龚浩成组成的"三人小组"，负责筹建上海证券交易所，李祥瑞为组长。老李1928年出生在扬州，1949年到中国人民银行工作，1953年加入中国共产党，上海财经大学毕业，曾任中国人民银行上海市分行行长，是我的前任，后来他奉命重建交通银行，并任交行董事

图 2　1990 年 12 月 19 日，上海证券交易所开业揭牌仪式（杨宇慧拍摄）

这次会议是那年春夏之交发生政治风波后，针对国外对我国改革开放持怀疑和抵制态度、西方七国集团对我国实行经济制裁造成大量外资撤出的严峻局面，表明我们继续向世界敞开大门、继续深化改革开放的一次重要会议；也是为即将宣布浦东开发开放积极做好准备工作而确定的重要举措。浦东开发开放要扮演的是为在我国建立社会主义市场经济运行体制和机制进行先行先试的角色，是要建成中国的金融核心区，而作为金融产业重要组成部分的上海证券交易所的创建，理所当然地列入了浦东开发开放的大计之中。现在回头看，这些事关国家重大战略举措的提出和实施，是很有改革的气魄、很有政治意义，也很富有远见卓识的。

长、总经理。贺镐圣改革开放后一直研究和主抓体制改革，是个改革意识强、有思路、敢负责的改革专家。当时证券业归中国人民银行管，创建证券交易所又必然会碰到许多改革的难题，将两家形成合力，有利于攻坚克难，把交易所建起来。

朱镕基明确两条，一是"三人小组"的工作直接向市长汇报，对市长负责；二是一年之后，即 1990 年 12 月上海证券交易所要开业。他还强调，对筹建交易所，对外要大力宣传，对内要低调，多做少说，甚至只做不说，以免引起不必要的争议，影响工作的开展。他鼓励李祥瑞和我说："你们不要怕，出了事我和刘鸿儒负责，你们还在第二线呢。"直到上交所成立了，他才向我们"交底"说，在成立上交所的问题上，他当面向邓小平请示过，小平同志说："好啊，你们办吧，办了再看，办了不好，我们再改嘛。"

社会主义国家同样可以利用资本市场

龚浩成：

会后，交易所的筹备工作开展起来。"三人小组"的办事机构设在中国人民银行上海市分行金管处。具体工作分为四个方面：一是统一思想，协调工作；二是制定法规和制度；三是交易场所的建设和运行机制的设计；四是为交易所运作准备人才。筹备工作后期，时任上海市体改办副主任的楼继伟也参与进来。

自我国实施改革开放政策以来，"姓社姓资"的争论就没有断过，但争论归争论，摆脱计划经济体制弊端的束缚，探索市场化配置资源的脚步没有停止过。1984年党的十二届三中全会通过了《关于经济体制改革的决定》。之后，国务院成立了金融体制改革研究小组，刘鸿儒任组长，在制订的金融体制改革初步方案中第一次提出要建立证券交易所，还提出允许企业用发行股票、债券的方式直接融资等。此后，在全国的一些地方，在集体企业和国有企业转换成股份制企业、内部集资发行股票、有价证券柜台交易、信托投资公司和证券公司创立等方面，陆陆续续迈出了一些步子。到1988年，全国有61个大中城市开放了国库券流通市场；到1989年，有100多个城市的400多家交易机构开办了国库券转让业务；1990年，全国累计发行各种有价证券2100多亿元，累计转让交易额318亿元，中介机构网点达到1600多家。这些资本市场的嫩芽在顺势破土萌发。主管这项工作的中国人民银行也因势利导，1986年，刘鸿儒组织中国人民银行全国13个分行行长专门到日本野村证券进行为期一个月的学习。我是学员之一，很开眼界，回国时我从野村证券要了两箱相关书籍和规章制度等文本，还撰写了6篇论文。这些都为上交所的筹建作了一定的铺垫和准备。我们还得到了一套台湾地区证券市场的法规汇编，这对我们的工作也有诸多帮助和启发。这是李祥瑞的一位老同学送的，他曾经担任过台湾地区的"财政部长"。

值得一提的是，1986年11月14日发生的一件具有重要意义的事，邓小平在北京会见了来参加中美金融市场研讨会的纽约证券交易所董事长约翰·范尔霖，接受了客人赠送给他的纽约证券交易所的证章和证券样张，邓小平对范尔霖说："美国在投资方面有足够的知识。"后来中方将一张能在上海静安证券业务部柜台交易的上海飞乐音响股份有限公司的股票回赠给客人。敏感的国际社会迅捷地发出了"中国与股市握手"的惊呼，评论中方的举动表明股票市场并非资本主义所专有，社会主义国家同样可以利用这一有效工具发展自己的经济。这一幕对我们后来筹建上交所是很大的激励和鼓舞。

用"Securities"还是"Stock"

龚浩成：

与此同时，一批留美归来的年轻学者带来了他们对中国建立证券市场的意见和建议。其中有代表性的人物是王波明和高西庆。王波明就读于哥伦比亚大学国际金融系，获国际金融硕士学位，后到纽约证券交易所经济研究部做经济师。高西庆获得杜克大学法学博士学位后，在华尔街一家著名的律师事务所工作。理论知识的学习和在华尔街的耳濡目染，使他们对在中国建立资本市场充满热情，他们认为改革开放的中国同样需要股票和股市，需要证券交易所。1988年4月他们回国后，向有关部门提交了《关于促进中国证券市场法制化和规范化的政策建议》，引起重视。同年9月8日，"金融体制改革和北京证券交易所筹备

图3　1990年12月19日，上海证券交易所开业庆典

研讨会"在北京万寿宾馆召开，王波明、高西庆受邀参会。中央财经领导小组、国家计委、体改委、中国人民银行、财政部、外经贸部、国务院发展研究中心等部门的领导到会参加研讨。会议的成果，是会后编写的《关于中国证券市场创办与管理的设想》，它把中国证券业结构的整体框架勾勒了出来。11月9日，中央财经领导小组副组长姚依林和秘书长张劲夫，以及财政部副部长项怀诚、体改委副主任安志文和高尚全、国家经委副主任吕东等，听取了研讨会情况的汇报。之后，以归国学者领衔的"民间力量"组建了"北京证券交易所研究设计联合办公室"，后来被称作"联办"。他们提出的在北京建立证券交易所的设想虽然由于种种原因被搁置了，但他们的智慧对我们筹建上交所很有帮助，我为此专门到北京拜访过"联办"，受益匪浅。

上海的专家学者围绕建立上交所也开过几次研讨会。上交所筹建工作启动后，还组织过一次国际研讨会，在更大范围内听取意见和建议。

正是在这样的基础上，交易所的规划和管理办法等的制定比较顺利，先后搞出了13份文件的初稿，但水平怎么样，我们心里还不太有底。香港政界和金融界的一些朋友，如全国政协委员、普华永道会计师事务所中国业务主席方黄吉雯女士，爱立信中华区总裁、上海市长咨询会议筹备组成员、英国友人麦克来伦先生等对此都很关心，让把文件发给他们，他们翻译成英文后请一些发达国家证券交易所的资深人士提意见，再把意见翻译成中文反馈给我们，对我们帮助很大。

这其间有个细节值得一提，就是"上海证券交易所"中"证券"这个词的英文翻译费了一番心思，按理翻成"Stock"就是了，发达国家和地区都是用这个词，可在我们当时的社会环境下，这个词还比较敏感，加上交易所成立初期交易的股票只有8只，国债、企业债等交易品种则有二十多个，为了避免引起不必要的麻烦，我建议用"Securities"这个词，以减掉点锋芒。结果这个留有时代痕迹的、不甚规范的表述，一直到1997年12月19日交易所搬迁到浦东新址时才改过来。

尉文渊主动请缨

龚浩成：

在一部分工作进展较为顺利的同时，交易所选址、建设和股票交易运行的实际操作制度和程序设计等方面，推进则比较迟缓。恰在这个时候，1990年6月，朱镕基率领上海政府代表团访问美国、新加坡等地宣传浦东开发开放，最后一站抵达香港，在会见香港贸发局主席邓莲如女士时，邓女士说她将在12月率领一个大型经贸代表团访问内地。1940年出生的邓莲如，不仅是香港政商界的重量级人物，在国际上也颇具影响力，她是受英国册封的女男爵，也是第一位取得英国终身贵族身份的华人。朱镕基很高兴，说上海证券交易所将在1990年12月成立，届时请邓莲如和代表团成员参加上海证券交易所的开业仪式。邓莲如欣然应允。接着在记者招待会上，朱镕基宣布：上海证券交易所将在年内成立。这条重磅消息一出，立即引起轰动，外电纷纷评论说，这"标志着中国改革开放的目标不会变"，"上海证券市场及金融发展将矗立起一块新的里程碑"。这个令人振奋的消息却把我们弄得很紧张，因为这个时间表之前没有公开过，没有公开就意味着万一筹备工作没有做好，成立时间还有往后延的余地，现在公之于世了，就没有退路了，到时间非成立不可了。也正在这个当口，负责交易所建设的筹备组组长工作发生变动。只剩半年时间了，谁接着干？到人民银行上海市分行负责金管处工作不久的尉文渊找到我，主动请缨接手这项工作。金管处的职责之一是管理证券市场，尉文渊正是分管证券的。"三人小组"研究后同意了。

我对尉文渊很了解，他是我的学生，恢复高考后他考进上海财经学院（上海财经大学前身）财政金融系，我是系党总支书记，他是学生会干部。这是一个满怀激情的年轻人，有想法，有点子，不怕困难，有自信心，是想干事也能干成事的人。我们相信他能挑起这副重担。

离开业只有5个月的时间了

尉文渊：

1990年我不到35岁。1983年我毕业分配到审计署干了六七年，成家后因两地分居调回上海。当时在人民银行上海市分行担任代行长的龚浩成把我安排到分行金管处工作。从审计署到银行，一切从头开始，我想作出点成绩。这时浦东开发开放已经宣布，交易所筹建组又需要人，我觉得是施展的机会就毛遂自荐了。但说实在的，当时我是个"股盲"，对做好这件事的难度有多大、证券交易所是怎么回事、怎样把交易场所建起来并有序地运转起来等，并不是很清楚。我记得是7月3日接手交易所筹备组组长，接手后才知道好多工作还没有理清头绪，如什么样的公司可以上市、股票交易如何进行、交易模式是什么样的、交易清算应有怎样的程序等一系列实际操作的规范性条文以及交易员培训、会员和席位的明确等都还没有眉目。虽然我大学毕业论文写的是股份制，在马克思的

图4 1997年1月16日，龚浩成在上交所（徐汇拍摄）

著作里也读到过通过发行股票筹集建设铁路资金的阐述，但基本上还是概念上的，对实际工作很难起到作用。懵懂地面对这一切和只有5个月的时间，我顿觉压力很大。不过眼前的这么一大摊子，有一件迫在眉睫的事是明确的，那就是要尽快找到一个宽敞的、合适的场地，进行设计、装修、布局，建成股票交易大厅，否则再拖下去很有可能到时交易所开不了业！

找交易大厅花了一个多月

尉文渊：

我马上把手下的6个人分成两路，一路找房子，由我负责；另一路围绕公司上市和股票交易运行等拟定各种文件和规章制度，由吴雅伦负责。晚上全体汇合交流情况，商讨工作和讨论修订各种文件。与此同时，我借助万国、海通和申银三家证券公司的力量，请它们帮着研究一些问题和起草一些文件，还从它们那里借了一些人到筹备组工作。这样，把繁杂的工作摆布开，人员调配好，以便能够有条理地推进。

正是大热的天气，那时哪有小车，出门就挤公共汽车，东跑西颠地找房子。我们到汉口路旧上海交易所旧址看过，结果发现已被分割出租；到黄浦江和苏州河沿岸的旧仓库寻找，面积倒够大，但装修工程量太大，时间根本来不及；到火车站售票大厅和邮政局的分拣车间也去看过，均失望而归。一个月很快就过去了，房子还没着落，我们那个焦急啊！

选不中，和头脑中没有交易所应该是个什么样子的概念有关。到有交易所的国家去考察是个办法，但当时出国还是件比较敏感和复杂的事情，不容易办到。于是我"走捷径"，把在旧上海证券交易所里工作过的一些老人找来询问情况，听他们描述，又看了一本书的封面上印的香港联交所交易大厅的照片，头脑中有了一些概念。这时有人建议到北外滩浦江饭店的孔雀厅去看看。我跑去一看，眼睛顿时觉得一亮，不禁兴奋地脱口而出："就是它了！"大厅不但够宽敞，而且够气派。这是一家有着一百多年历史的欧洲建筑风格的涉外宾馆，地处黄浦江和苏州河交界处，位置很好。那时涉外宾馆生意不景气，作为宴会厅的孔雀厅常常处于闲置状态。我当即拍板把孔雀厅租了下来。

我随后把上海最好的华东设计院请来设计，并向人民银行上海市分行借了500万元用于装修和其他开销。从交易大厅的色调、交易柜台的位置、显示屏的安装到各种管线的铺设等，我发动大家群策群力，集中大家的智慧，同时也事必躬亲不放过每个细节。我上小学时学过素描，有点美学概念，为了和大厅的色彩相配，确定场内交易员穿红颜色的马甲。没想到派去买布的人看到黄颜色的布料质量很好，把黄布买回来了。我说，既然买回来了就不要浪费，就让场内管理人员穿黄马甲；再去买红布给交易员做红马甲。作为交易大厅一景的"红马甲""黄马甲"就是这样来的。交易现场需要安装50部电话碰到了困难。那时电话不像现在，是"稀缺资源"，电信部门回复说"无能为力"。后来市领导闻讯后，几经协调才解决了问题。

作为管理者，理念一定要先进

尉文渊：

交易大厅装修期间我每天必到，同时也有时间坐下来，研究、修改和审定各种文件，以确保开业后交易活动能够规范、有序地进行。每签发出去一份文件，我就组织相关人员学习、进行培训，各种条条不仅落在纸上，更要落实到每个相关人员的实际操作中。

股票交易用什么方式引发了争议。我提议运用电脑技术进行无纸化交易，遭到不少人的反对。他们说，美国这么发达，从电视上看纽约交易所的交易还用"打手势"的方式，现场很热闹，有气氛，也有可看性。一些见识过资本主义国家证券交易所的人也主张保留一部分场内报价、手工促成成交系统。他们还说，我们现在只有8只股票，国债、企业债券和金融债券加起来也就二十几种，哪用得上电脑技术？银行月末结账靠的还是人工打算盘，电脑能行吗？安全可靠吗？我坚持自己的看法，说眼光要远一些，交易所成立后股票肯定会增加，交易量会增大，不用电脑技术肯定会落后，跟不上形势，满足不了投资者的需求。我在

图5　1994年3月，尉文渊在上交所会员大会上讲话（徐汇拍摄）

审计署负责教育和培训,接触过电脑技术,虽然那时这些技术还处在起步阶段,但已能感受到电子科技带来的便捷和高效,也能感觉到它的发展潜力。同时,我也听说新加坡和我国台湾地区的证券交易所已用电脑做辅助工具,但因为没有实地考察过,说不清楚。

最后两种意见争执不下,便确定电脑和"手势"都做准备,一些人对交易员进行手势培训,我负责组织人员进行电脑软件开发。我把上海财经大学从事计算机教育的年轻教师谢玮请来攻关,他又把在复旦大学搞计算机教学的夫人拉来出谋划策。当时深圳黎明工业公司的计算机技术在全国领先,便把其技术人员也请来加入。这在当时是一个全新的课题,没有先例可循。我让他们先帮人民银行的金管处设计计算国库券交易数据的软件,几经探索取得进展后,再设计股票交易软件,在攻克一个又一个难关后终获成功。试运行表明,快捷、高效、安全且无纸化,效果很好。于是手势培训停止,转入电脑交易培训。软件开发花费的100万元,是从装修款中挤出来的。我还把万国、海通和申银三大证券公司的头头找来,动员他们购置电脑设备。由于价格比较高,有人有些犹豫。我分析了发展趋势后,打消了他们的顾虑,上下的步子协同了起来。

朱镕基访问香港的时候,专门到访香港联交所,并请联交所指导即将成立的上交所的管理工作。这就促成了我们到香港联交所的学习和考察。这是我们这帮筹建交易所的人第一次看到交易所的模样。看了两天,感觉他们的做法和我们有很大的不同,不免紧张起来,会不会我们的做法有问题?带队的是人民银行上海市分行副行长罗时林,他也有些紧张。但琢磨来、琢磨去,我明白了,他们的做法里面有很多传统留下来的东西,而我们是全新的,尤其是把电子科学技术运用到股票交易中,比联交所的交易系统先进。我和罗行长说了感想。罗行长说:"你话说得这么大,是不是骄傲了?我们还没开张呢!"我说:"不是骄傲,是信心更足了,因为我们顺应时代,设计逻辑没有错!"

后来一些发达国家的证交所官员看了我们的交易系统,都认为达到了世界一流水平,是具有领先意义的创举。他们评价说,如果没有电子交易的技术基础,中国证券市场不可能发展得这样快。我因此多次获得"金融电子交易奠基人"之类的褒奖。其实我不懂计算机技术,但我心里一直在问自己:"你的'己任'是什么?假如你是投资者,你要什么?"我清楚,交易所是为投资者服务的平台,因此一定要想投资者之所想。投资者要的是市场健康有序的发展,是交易的公平、公正、方便、快捷和安全。而这些单靠人工是难以做到的,一定要借助先进的科学技术。因此,作为一个管理者,理念一定要先进,要适应时代的发展,这样才能把事情做好。

在推进电脑技术的同时,我还考虑要办一张证券信息类的报纸,也是出于同样的理念。因为投资者要作出投资决策,首先需要的是政策信息、公司信息等。但这张报纸是什么样的、证券信息应该怎样写等并不很清楚,只是觉得应该有这样一个传递信息的媒介。交易所成立半年后,我们以"交易所内刊"的形式推出了《上海证券交易所专刊》,很受投资者的欢迎和好评。后来这份内刊成了由新华社主办的全国第一张证券报——《上海证券报》的前身，这当是后话，但对这件事的思考和决策是在筹建上交所期间。

"你敢不敢大胆管理？"

尉文渊：

随着交易所各项筹备工作的进展，1990年9月17日，中国人民银行上海市分行向中国人民银行总行和上海市政府提交了《关于建立上海证券交易所的请示》。9月19日，中国人民银行和上海市政府联合向国务院上报了《关于建立上海证券交易所的请示》，该请示中写道："建立上海证券交易所的条件和时机基本成熟，建议国务院予以批准，以进一步树立我国改革、开放良好形象，加快浦东开发、开放的进程，促进我国现已开拓的证券市场进一步发展，更好地为国家和企业筹集融通建设资金服务。"过了不到二十天，10月8日，国务委员兼中国人民银行行长李贵鲜批示同意。11月14日，中国人民银行总行批复同意设立上海证券交易所。

11月26日，上海证券交易所举行成立大会。绝迹四十多年的证券交易机构又重回上海滩。来自上海、浙江、安徽、江西、山东、沈阳、海南等地的25家证券经营机构成为交易所会员。会议先选举理事，接着召开理事大会选举常务理事，再选举理事长和副理事长。根据市里的提议，李祥瑞当选理事长，申银证券公司总经理阚治东当选副理事长（兼）。我被理事会聘为上海证券交易所总经理。大家议论说，34岁的小尉，是世界上最年轻的证交所总经理。

因为香港贸发局主席邓莲如一行最终确定12月中旬到访上海，上海市委、市政府于是决定上交所开业仪式于12月19日上午举行。12月3日，朱镕基到交易大厅装修现场视察。一下车，他见交易大厅门外建筑垃圾堆得一片狼藉，神情不禁严峻起来，走进布置就绪的大厅一看，才舒缓下来。朱镕基问我："你敢不敢大胆管理？"我说："敢！"他笑了。

那些天我们从早忙到晚，完善开业的每个细节。开业前一天的晚上，我在搬桌子时不小心桌腿砸到了

图6　1992年，上海证券交易所开办股东账户盛况（杨宇慧拍摄）

左脚面，脚面很快肿了起来，疼痛难忍，过了不长时间还发起了高烧，细一看，原来那里被皮鞋摩擦已有炎症，因忙忙碌碌竟没有察觉，可头脑昏沉，浑身发冷，直打哆嗦。和我一起搬桌子的殷叶亮马上把我背到楼上浦江饭店的客房里。我让小殷不要告诉别人，倒头迷糊了两三个小时，熬到天亮。

19日上午，开业仪式即将举行，小殷又悄悄把我背到现场。小殷的脚大，鞋子也大，我让他委屈一下，和我交换左鞋，让我肿胀的左脚好受一些。我一只鞋大、一只鞋小地倚着墙迎接贵宾。9点钟，上海市委书记兼市长朱镕基、市政府顾问汪道涵和副市长黄菊、庄晓天，国家体改委副主任刘鸿儒，中国人民银行副行长周道炯、周正庆、戴相龙，中国国际经济咨询公司董事长经叔平，香港贸发局主席邓莲如，香港证交所主席利国伟，香港金银业贸易场理事长徐国炯，新加坡证交所总裁林楚鹏，马来西亚吉隆坡证交所总裁约瑟夫，东京证交所董事长川和弘，以及来自美国、英国、法国的政界人士和金融家先后入场。

龚浩成主持开业仪式。朱镕基发表讲话，阐明中国改革开放的脚步不仅不会停止，还会加快，上海证券交易所的创建就是中国扩大和深化改革开放的重要举措。

讲话结束，朱镕基宣布上海证券交易所正式开业。

理事长李祥瑞授权我敲锣开市。

敲锣地点在二楼，小殷又护着我上到二楼，为了不让别人看出"异样"，我硬着头皮挺着身子，举起锣槌用力"咣"地一下敲响了那面铜锣。

国际上，证交所开业有敲钟的，有摇铃的，我想中国证交所开业要有自己的特色，就敲锣吧，这面铜锣是我花了六百多元钱从城隍庙旧货市场淘来的。可没想到的是，当锣声响起的一刹那，我眼前突然一黑，晕倒在地，啥也不知道了。好在大家都喜气洋洋地在一楼交易大厅参观，看电子交易大屏幕上滚动的数字，没人注意上面发生的意外。小殷他们急忙把我从旁边的通道扶出去，就近送到了长征医院。这一住竟住了一个来月。医生说我脚面感染很严重，感染的时间又长，不好好治疗怕会出问题。可我惦记着交易所的运行状态，悄悄溜了回去，见一切正常，心才放了下来。

上海证券交易所开业的消息迅速传遍了全世界。我国的证券事业就此翻开了崭新的一页。我为此吃的那点苦算得了什么呢？之后上海证券交易所的发展大大超出了我们当初的预想，作为一名拓荒者，这是让我深感欣慰的。■

（题图提供：周舶）

■ **访谈人简介：**

张持坚，新华社高级记者。1969年从上海下乡到黑龙江生产建设兵团务农，后在营、团从事新闻工作，1977年调至兵团报社任编辑，1979年调至新华社黑龙江分社任记者，后任采编主任、副社长。1984年获全国优秀新闻工作者称号。1995年调至新华社上海分社。1999年到上海证券报社任总编辑。2011年退休。

人物访谈 INTERVIEW

陈宝瑛：奔走半生，期货终是信仰

访谈人：张晓刚　牛牧原

陈宝瑛，本科毕业于南开大学，是中国人民大学首届研究生，毕业后分配至对外贸易部国际贸易研究所。1976年被派往香港华润集团工作，后从事期货和证券交易业务。1983年调回外贸部。外派期间，陈宝瑛教授经历了六年宝贵的期货行业生涯。作为新中国最早从事期货交易实践的先行者之一，面对中国期货市场探索的历史机遇，陈宝瑛又担负起了启蒙者的重任。他曾向国家领导人倡议建立期货市场，参加筹建中国郑州粮食批发市场和郑州商品交易所，又参与了20世纪90年代期货市场的清理整顿工作。从1977年开始，陈宝瑛教授见证了中国期货市场从无到有、从乱到治的历史进程，在这场前所未有的宏大社会实践中，他是重要的参与者之一。

2019年9月，我们赴北京拜访了陈宝瑛教授。虽已年近九旬，但说起期货市场的风雨变迁，对于各种历史细节，陈老依然信手拈来、毫不凝滞，一谈就是两个多小时。"烈士暮年，壮心不已"。从访谈中，我们能体会到陈老对期货市场热切如初的关注和期待，更能感受到一位老期货人始终如一的情怀与担当。从他的期货生涯里，不仅能清晰地看到中国期货市场不平凡的来时路，更能重温期货市场的初心与使命，从中汲取力量，砥砺前行。

这段勾勒出中国期货市场前世今生的故事，要从20世纪70年代说起。

初涉期货，套期保值试牛刀

20世纪70年代初，虽然处于"文革"期间，但中国国民经济仍在艰难中保持前行。在计划经济体制下，进出口贸易一般是根据国家计划安排的，有可能导致在商品价格较高时买进，而在价格较低时不得不卖出。为了避免不必要的损失，陈云同志在1973年时指示，可以在进出口贸易中利用期货。此后，陈云同志领导华润公司借助纽约交易所购买粮食，并派人常驻纽约。

在当时极左思潮泛滥下，期货被视为"资本主义大毒草"，有剥削工人、投机倒把之嫌。为了扫除思想障碍，1976年10月，陈宝瑛被外派到香港不久，外贸部要求他在马列文献中寻找期货的相关论述。最终，在恩格斯致奥·倍倍尔的信中找到了权威理论依据："交易所并不是资产者剥削工人的机构，而是他们自己相互剥削的机构；在交易所转手的剩余价值是已经存在的剩余价值，是过去剥削工人的产物[①]。"

弄清了期货市场的性质和作用后，1977年，外贸部决定在香港成立公司专门从事期货、证券等业务，由原在对外贸易部国际贸易研究所工作的陈宝瑛担任公司董事、副经理，主管期货业务。

从熟悉的研究工作转为陌生的期货交易，一上手就是关乎国家利益的大买卖，陈宝瑛坦言当时十分忐忑。"不熟悉怎么办？边干边学呗！"他笑道。"套戥"（套期保值）、"高水"（升水）、"孖展"（保证金）……面对陌生的香港市场术语、陌生的粤语环境，陈宝瑛埋头刻苦学习，默默等待着在"大风大浪中游泳[②]"的机会。

第一次"游泳"源于铜，这是我国主要进口商品。1977年4月中旬，由于相关部门急需，我国拟购进铜1500吨，当时现货价是902英镑/吨，处于较高水平。为了防止进口后铜价下跌而受到损失，陈宝瑛在外贸公司购入现货的同时，在伦敦金属交易所抛空3个月期铜60手（25吨/手），每吨908英镑。后来铜价果然下跌，5月中旬，铜价跌到843英镑/吨时，再将期货补进平仓，赚了97500英镑。

陈宝瑛说，当时开展期货交易是外贸部的重点工作之一，每一笔交易做完都要向部里汇报，这漂亮的第一仗得到了部领导的充分肯定。套期保值尝到甜头后，他带领团队多次配合外贸总公司做了小麦、糖、玉米、棉花、橡胶等商品的套期保值，后来也做了外汇期货，其中大多数是成功的，为国家成功避免或减少了因价格波动而造成的损失。

六年探索，投资实战尝艰险

如果把期货市场比作涨落无定的潮水，那么陈宝瑛无疑是新中国最早的一批期货弄潮者。香港六年的操盘实战经历让他深刻地认识到，期货市场错综复杂、瞬息万变，受各种因素影响，很难准确判断，比股市还惊险得多。每次做盈一笔，他就内心欢喜，觉得再累也值得，遇到账面亏损，就通宵达旦分析形势、研究对策，极为紧张焦虑，生怕为国家带来损失。

陈宝瑛说，那时内地很多亲友以为他在香港花花世界享福，哪里知道却是饱尝艰辛。陈老介绍，当时在香港做欧美盘期货，由于时差原因，加班是家常便饭。比如，下午5点半伦敦金属交易所开市，他们开始做伦敦期货，一边吃盒饭一边干，一直到9点结束。10点半美盘又开始了，纽约期货交易所搞糖、铜，芝加哥期货交易所搞粮食，直到次日凌晨3点半。他早上9点上班，但8点半就要进办公室，看新闻了解市场动态、分析价格走势，翻阅三大国际通讯社的电讯资料和十几份报刊。香港假期多，每逢东方传统节日和西方假日都放假，但做英美盘的陈宝瑛与传统节日无缘，忙碌的工作使得他外派期间几乎每年只能回家一次，备受思乡之苦。

不过，通过期货市场的实践，陈宝瑛越来越认识到期货市场的价值，认为内地也应该利用期货市场规避价格风险。在香港的后两年，陈宝瑛在工作之余撰写了《商品交易所与期货交易》一书。这是内地第一本介绍期货交易知识的著作。

廿年奔走，期货市场终破茧

1983年，陈宝瑛奉调回内地，1986年调任国务院港澳事务办公室港澳研究所副所长，主管贸易研究工作，直至1994年退休。在此前后，中国期货市场开启了探索的历史进程，凭借在香港参与期货市场的经验，陈宝瑛成为期货市场的首批"启蒙老师"之一。

1987年底，有关部门开始研究期货。1988年2月，国务院发展研究中心和国家体改委成立期货研究小组，吸纳期货专家参与，陈宝瑛就是其中一员。当时，如何建立具有中国特色的期货市场是最迫切需要解决的问题。陈宝瑛的建议是按照"先试点后发展""先初级后高级""先立法后创办"的原则，积极稳妥地发展我国期货市场。

面对期货这样一个新鲜事物，先行试点、从现货市场逐步过渡到期货市场，成为各方共识。终于，在国务院有关部委、省市领导和期货专家通过研讨会、座谈会及课题研究等多种形式的深入论证后，1990年10月，郑州粮食批发市场建立，这是在中国期货市场这张白纸上落下的历史性一笔。郑州粮食批发市场引进了会员制、保证金等期货市场运行机制，经过两年成功试运行后，1993年3月，郑州商品交易所正式挂牌，于5月推出标准化合约。

进入20世纪90年代后，刚刚试点的期货市场立足未稳，就在被点燃的市场热情推动下跑出了"加速度"。过快过猛的发展速度，加上监管缺位、投机过度等，市场上出现了一系列问题，爆发了诸多风险事件。陈老回忆，中国证监会期货部成立不久，时任证监会主席刘鸿儒就邀请其组建期货专家小组，主要出席证监会组织的有关期货会议及从事期货市场研究。"那时没少去证监会开会，基本都是'救火'会议。"陈宝瑛回忆。

从懵懂到成熟，中国期货市场曾经历了一段迷茫混乱的青春期，也缴纳了高昂的"学费"。20世纪90年代，作为多家交易所、期货公司的顾

图 1　陈宝瑛著作封面

问,陈宝瑛几乎每周都要坐飞机去全国各地讲课。那时的期货交易所、期货公司多到什么程度呢? 1993 年,全国有 40 多家期货交易所,仅上海一地就有 7 家,上市品种多而重复,比如,15 家交易所上市钢材,8 家交易所上市石油,甚至交易品种里连西瓜都有,很多交易所都缺乏标准化合约。当时除中国外,全世界商品期货交易所也不过 40 多家,一个国家的交易所数量就接近全世界其他国家和地区的总和,这显然是不正常的。期货公司也泛滥成灾,达到 300 多家,上海就有 15 家。

陈老分析,那时期货交易所之所以盲目发展,主要还是利益驱动。一是认为办交易所发财,有手续费和税收;二是一些地方把建期货市场和发展市场经济联系起来,好像没有交易所,当地市场经济就不完善似的。

面对种种乱象,期货市场的清理整顿已势在必行。陈宝瑛回忆,1993 年,国务院下发《关于坚决制止期货市场盲目发展的通知》,制止期货市场盲目发展,他也参与了文件起草。1994 年,为了摸清市场情况,证监会牵头开始了全国调研。陈宝瑛被安排到东北组,赴大连、沈阳、长春开展调研。当时清理整顿的重点是调整交易所数量,谁去谁留采用投票制。交易所之间的竞争非常激烈,加之牵涉各方利益,清理整顿工作的难度和压力都相当大。"那时家里的电话从早响到晚,谁问我都说有希望。因为什么都不能说嘛!"陈老笑言。各个考察组回来汇报情况后,大家一致同意保留郑州、上海、大连 3 家。

进入 21 世纪后,2006 年中金所成立,专门上市金融期货品种,从此形成了今天期货市场的格局。

陈老感叹,几十年来,中国期货市场的建设着实来之不易。在计划经济体制的背景下,从批发市场过渡至期货交易所,这个方向是对的,但初期现货市场很落后,市场缺乏规范管理,大家思想也没跟上,走了一些弯路。今天,中国期货市场早已走出蛮荒时代,实现稳健发展,用几十年时间走过了发达国家上百年的道路,可以说是一个奇迹。

寄望未来,创新突破待后生

对期货市场几十年来的专注和热情,让关注、思考期货市场成为陈宝瑛念兹在兹的习惯。他认为,现在期货市场最大的问题是交易所的交易量上去了,但在国际市场上还缺乏发言权,主要商品还受制于国外交易所,比如石油定价权在美国,铜、铝定价权在英国。

我国交易所的发展方向，要逐步国际化，争取定价权。比如石油，我国石油进口依赖度达到70%，已超过美国成为世界上最大的原油进口国，但定价权还受制于美国。大豆、铁矿石等也是如此。令人欣慰的是，近年来铁矿石期货、原油期货都陆续上市，并作为特定品种对外开放，是一个突破的开端。

陈宝瑛认为，期货市场的另一个问题是期货相关的配套措施不够完善，最明显的是"期货法"尚未出台。期货市场的规范如果停留在行政法规层面，就会面临较大的法律风险，也不利于吸引国际投资者。

对于金融期货事业，陈老认为还有很大的发展空间。他说，金融期货对实体经济来说很重要，现在已经有了股指、国债，未来希望中金所能推出更多上市品种，比如外汇期货。当前国际形势比较复杂，外汇市场经常波动，外汇期货的推出可以为企业提供避险工具。

陈老坦言，作为期货市场一名已经退役的"老兵"，回顾往昔，从香港到内地，从期货市场探索到建立，几十年里也算"打满全场"，自己没有什么遗憾。

如今，"战场是你们的，未来也看你们了！"

（照片拍摄：田霖）

图2 张晓刚（右）、牛牧原（左）与陈宝瑛（中）合影

■ **访谈人简介：**

张晓刚，中国金融期货交易所党委委员、副总经理，高级经济师。目前主要负责交易所运营、产品开发和国际交流与合作。长期从事股指期货、国债期货等金融衍生产品的开发与研究工作，曾参与多项中国证监会组织的研究课题，合作出版《股票指数期货：理论、经验与市场运作构想》、翻译《金融衍生品的发展与监管》《逃向期货》等著作。

牛牧原，中国金融期货交易所办公室员工。

■ **注释：**

① 中共中央马克思恩格斯列宁斯大林著作编译局. 马克思恩格斯选集（第四卷）[M]. 北京：人民出版社，1972.

② 1973年7月14日，陈云在听取香港华润公司五丰行总经理汇报时说，对大宗交易所"过去我们只看到它投机性的一面，忽视它是大宗交易场所的一面，有片面性。我们不要怕接触交易所，可以利用交易所，要在大风大浪中学会游泳"。吴学先，华润（集团）有限公司.《红色华润》编委会. 红色华润[M]. 北京：中华书局，2010.

风云笔谈

深圳金融改革拓荒之路

王喜义

还有十年 要干出点事来

76岁那年,我出版了关于深圳经济特区金融改革的回忆录,取名《血路》,书名源自邓小平就深圳经济特区问题同广东省委的一段谈话:"中央没有钱,可以给政策,你们自己去搞,杀出一条血路来。"之前我对此没有什么深刻的感觉,到深圳工作十年后,才真正感受到什么叫"杀出一条血路"。

图1 王喜义

在这本书扉页上,有我写的一句话:"感谢我的救命恩人——伟大的、光荣的、正确的中国共产党。"我是穷人家庭出身,讨过饭,没有共产党,我活不到今天。解放后是党给了我机会上学,从中学到大学我一直拿国家一等助学金,真的特别珍惜。大学毕业分配工作时,系领导让我在财政部和人民银行中选择,我选了人民银行,这一干就是20多年。50岁时,我是计划资金司副司长,还是行里的笔杆子,领导们对我也很器重,可是就在这一年,我决定告别人民银行总行,南下深圳。

我决定南下,说来还是源于邓小平的一次讲话。1979年10月4日,邓小平在全国各省市第一书记会议的讲话中,谈到了金融:"金融很重要,是现代经济的核心。银行不要单纯当会计、当出纳,要发挥银行发展经济、革新技术的杠杆作用,把银行办成真正的银行。"当时我们行里参加会议的是乔培新副行长,他回来就向我们几位司局长作了传达,他拿出他的会议记录小本给我们念了这段话,这段话给我留下了深刻印象。第二年,我出国到日本,考察了一个月,感觉日本的经济金融发展很快也很开放,资本市场、证券交易所、按揭贷款、银团贷款等,让我印象很是深刻。1983年,我又出访了匈牙利,匈牙利当时是社会主义国家中改革搞得比较好的,外汇做得很火。这些出国考察报告都是我主笔起草的,对照考察的成果,我边撰稿边思索,也很困惑。有些国外的做法和经验,在国内实现不了,找不到突破口。怎么办?我还有十年就要退休了,很想再干点实事,既然在北京很难突破,

深圳是一块热土,那就去深圳试一试吧。

先行先试 开创深圳证券市场

1985年,深圳经济特区成立不过5年,现代化建设刚刚开始。小平同志说"杀出一条血路",早就预言关山坎坷、险阻重重。特区的拓荒者,不仅需要激情与梦想,更需要勇气、无畏、坚持,以及圆融的智慧。

刚到深圳的我,首先想到的就是自己在日本看到的直接融资市场,中国如果也有自己的证券公司、资本市场,就可以分散单纯依靠银行间接融资的风险。于是,我起草了一份成立特区证券公司的报告,亲自带到人民银行总行去。到北京见到主管机构的司长,他说现在中国又没有股票,你搞这个干什么,不同意批。我又找了主管副行长,他也不同意。当时我就想找刘鸿儒,可他作为中央候补委员正在参加中央全会。也是机缘巧合,后来我去八宝山参加我们第二任老行长曹菊如的追悼会,恰好见到刘鸿儒,我向他汇报了想在深圳设一个证券公司,但被否了。刘鸿儒听了我的介绍,当即说要与行里联系,那时候没有手机,我们就借用八宝山殡仪馆的座机,我接通了童赠银副行长的电话,刘鸿儒跟行领导说,让深圳试一试。就这样,总行才批准在深圳设立特区证券公司。

1985年9月9日,中国人民银行批准试办深圳经济特区证券公司。我带着这份来之不易的批文回到了深圳。好事多磨,不久我因工作原因又回到人民银行,成立特区证券公司的事也就被搁置了两年,直到1987

年才正式开办。当时,对于总经理的人选,我们也发愁了好一阵,对这一新生事物,没人敢挑这担子。我想到了当时人民银行唯一的一位研究生——廖熙文。我去动员他,他一开始拒绝了,说从没有搞过证券公司。我急了,说:"谁搞过啊,谁都没搞过!这事还非得你干!你是研究生,学得比别人快,就得你干!"尽管不情不愿,廖熙文最后还是接受了。

1987年9月,深圳经济特区证券公司,由人民银行深圳经济特区分行独资改组为10家金融机构出资合办的股份制企业,正式注册成立,成为新中国第一家证券公司。深圳的"老五股"先后在其柜台挂牌。

当时特区证券公司身兼三任,既有股票发行的职责,又承担股票交易的功能,还承担股票登记过户的职能,一司多能,颇为辛苦。深圳发展银行股票发行时,大家对股票还不太了解,觉得买国债还本付息,存在银行有利息,还随时可取现,买股票,有去无回,又不分红派息,都不愿意买。特区证券公司的员工就开着卡车架着大喇叭沿街宣传广播,鼓励大家买股票。他们还搞摊派,动员市政府的领导们买股票。领导手头没钱,就先认购股票,等发工资时再扣款。为顺利发行,他们费尽了心思,很是不易。当时交易都是手工操作,还有些自营业务,员工们工作量很大,往往加班加点都完成不了,场内市场的效率适应不了股票市场的发展,于是场外交易量很大,甚至5倍于场内的交易。后来自营业务还出现了营私舞弊的现象。这种情况催生了建立证券交易所的考虑,1988年,市里决定要搞证券交易所。

1988年11月,深圳证券市场领导小组成立。我作为副组长,参与了深圳证券交易所的筹建。当时市委书记李灏同志建议请外面专家来做顾问,并推荐了两家公司:日本野村证券和香港新鸿基公司。经与两家公司交谈,我决定找新鸿基做顾问。新鸿基在香港,来往方便;语言相通,沟通成本低;其在香港的经验也便于我们借鉴。我向李灏书记作了汇报,确定了新鸿基公司做我们的顾问。新鸿基公司为我们办了四期学习班,利用晚上时间,每期几个晚上,授课的是公司的常务董事,公司还专门派了邱小菲女士负责沟通协调,联系安排课程和讲师,深港两地来回跑。市里一些领导也参加了学习班了解证券知识。这四期学习班对我们了解资本市场起了很大的作用。

与此同时,中国人民银行深圳经济特区分行又成立了资本市场专家小组,由汤学义、禹国刚、周道志负责,他们也紧锣密鼓地参与前期准备工作。还有武汉大学的一批学生,利用暑期来到深圳帮我们翻译资料,他们先后翻译的资料大约有200万字之多。

到1990年,李灏同志多次询问我证券交易所筹备得怎么样,指示能开业就早开业。我说已经上报人民银行,筹备初期,我们报了人民银行,获批筹备;筹备完毕,我们正式上报人民银行,人民银行已上报国务院,待国务院安排会议讨论决定。1990年11月22日,李灏书记和郑良玉市长到深圳交易所了解筹备情况,王健和禹国刚说都准备好了,李灏又问我,能行吗?我说行,现在就等人民银行的批文了。他听闻等待人民银行审批中,就建议人民银行深圳经济特区分行下

风云笔谈 CONVERSATION BY WRITING

图2　1990年12月，刘鸿儒、张鸿义、王喜义视察开业前的深交所

文件，先试营业。就这样，在没有人民银行批文的情况下，1990年12月1日，深圳证券交易所敲响开市钟，开始试营业。1991年4月16日，人民银行的批文才正式下发，这时深交所已经运行半年，才领到了"出生证"。1991年7月3日，深交所举行了正式的开业典礼。

深交所试营业时，采取手工竞价方式，接到客户委托后，由红马甲口头报价、手写在白板上。事实上，当时电脑撮合系统早就准备好了，我们在硬件、软件，包括培训人员上，都准备好了，只是当时没有启用。这事跟我有关系。我之前去法国、英国考察过，他们交易室里只有电脑，工作人员并不多。我也看过香港交易所、美国交易所，是由穿着红马甲的交易员跑单、喊价。我考虑到新中国成立后鲜有股票交易，大家都没有这方面的知识，建议仿照中国香港、美国，用一批经纪人，穿着红马甲，在场地来回跑动喊价，让老百姓有一点感性认识。大家都赞成，于是就采取了这个方案。

1990年，深圳当地的证券营业部只有三家，股市热的时候，三家证券营业部人山人海，人满为患。人民银行深圳经济特区分行又陆续批准设立新的证券营业部，到1991年，券商队伍扩大到十几家近20个网点，交易渠道不畅的问题有所缓解。随着资本市场的发展，

1992年，外地不少机构来到深圳申请设立证券营业网点。

当时有三十多家券商来人民银行深圳经济特区分行报到，但我们的主管行长不批，券商们和证券处都很着急，纷纷找我。我去找主管行长问情况，他说现在市场上上市公司就这么几家，有的时候还吃不饱，再批出那么多怎么办？我说："以后需要的可能比这些还多，得为市场的将来发展做准备；再说，你考虑的不是我们管的事，我们只是看它的出生合不合法、能不能出生，能出生就批它出生，至于出生之后，它有没有奶吃，没有奶，是喂一点面糊糊，还是喂一点苞米面，这个不是我们考虑的问题，是他们自己的事。"但是他还是不太同意。最后我就告诉证券处，都报我这来，我来批，责任我来担。我先后批了三十多家。后来，随着市场的发展，这些网点还真是派上了用场、发挥了作用。

1992年，经人民银行深圳经济特区分行批准，105家内地证券公司成为深圳证券交易所的会员单位，其中，部分省市与深圳正式连通，开始了异地代理证券买卖。外地券商的加入，使得深圳的股市开始辐射全国。

证券公司规模起来后，我把眼光又瞄向了基金公司。当时国内还没有基金公司，但我在国外考察时接触过。当时老百姓风险意识很差，觉得买股票就一定要赚钱，亏了就骂娘，甚至威胁政府。既然个人风险承担能力有限，而机构投资者更专业且有较强的抗风险能力，我就考虑深圳是不是也可以成立基金公司。正在考虑这个问题时，有一天我偶尔碰到了陈儒，他是当时深圳金融系统仅有的几位研究生之一，刚辞职。我建议道，你是学金融的，能不能搞个基金？他说那可以啊，我说你先拿出个办法。一个月之后，他真给了我一个办法、一个章程，我看了看，不甚明白。我知道机构投资是干什么的，但什么是开放基金、封闭基金，涉及具体的我就不懂了。为了弄懂这事，我联系了香港法国里昂信贷银行证券公司经理顾家利先生，想请他们为我们进行培训。他建议出国实地考察，边看边讲效果更好。于是我们去了英国和法国，详细考察了基金的运作。出访回来，差不多弄明白了，我修改了陈儒给我的办法和章程，陈儒看了很惊讶，说："你改的几个地方都是我在写稿时就有疑惑的，你什么时候学的？"我说："我现学现卖。"

就这样，深圳投资基金管理公司于1992年10月8日批准成立，这是我国第一家按照国际化运作、专门从事投资基金管理的公司。1993年1月19日，这家公司发行了新中国历史上第一只按照国际惯例运作的基金——天骥基金，一次性公开募集成功，总规模5.81亿元。三四年后，深圳投资基金管理公司管理的基金规模超过10亿元，成为当时国内最大的专业资产投资基金管理公司。

不眠之夜　危急中处理"8·10"股市风波

1992年5月，上海取消涨停板，股票一天涨了一倍，股票热顿时席卷全国。同年8月，深圳发布消息，将于8月9日和10日发售500万张新股抽签表，上百万

图3 王喜义在深交所开业一周年庆典上致辞

股民从全国各地涌入深圳。由于发行方式存在问题,加上发行中出现违规走后门现象,8月10日傍晚,一些没有买到抽签表的人开始游行,少数人使用了暴力,引发了群体性事件,史称"8·10"股市风波。

那天晚上,我正陪同市领导为陈慕华副委员长送行,席间书记和市长纷纷被叫走了,我觉察到不对劲,不一会儿接到秘书电话说市政府通知马上去开会,并要求从市政府后门进。我一听从后门进,就估计是出事了。我赶到市政府,大院里满是荷枪实弹的武警部队,市政府大门外有两辆汽车在燃烧、催泪弹在响。现场会议就在一进门的传达室里开,连三层的会议室都没进。人没到齐,大家都等着,谁也不说话,气氛很压抑沉闷,我就坐在李灏旁边。人一直没到齐,李灏就说:"不等了,现在只有一个办法,就是把明年5亿元股票的发行额度移到现在来用并马上公布,让股民再去排队,这样可以分散群众,否则没有别的办法。"他对我说:"王喜义,明天早上八点钟要给大家再发抽签表,你去给我落实。"我说:"这么快吗?表都发没了,现在再重新印也来不及啊。"他命令道:"你马上去给我落实!"

我立马坐车赶往印制抽签表的光华印刷厂,厂里的工人都出去看热闹了,就剩几位领导,我抓着他们赶紧筹备起来。为了防伪,之前印刷抽签表的纸张是从西安库里调来的计划印特区货币的特殊纸张,库存不多,根本不够。我们根据库存量,把抽签表的尺寸缩小,总算解决了纸张的问题。可接下来时间也不够

啊，印刷一共需要七道工序，天亮前肯定完成不了。我跟印刷厂商量，把十道工序减到三道工序，表上项目只留姓名、序号、身份证号三栏。一确定好，赶紧开工，厂里同时组织人边印边包，先远后近地来送。

等印刷厂的事安排妥当，我又回到人民银行，已接通知的各大金融机构领导在那儿等我开会，会议部署了11日的工作：要求杜绝违规开后门行为，谁违规坚决处分谁；向社会公告次日再发售抽签表，让股民知晓。我给《深圳特区报》的领导打电话，要求连夜赶印公告，他说这么晚工人都走了。我说这事紧急，大家辛苦，我付报酬，出多少奖金你来定，钱我来付。就这样，《深圳特区报》连夜印刷了公告，贴到全市300多个发售点上。

这个晚上我四处奔波，一夜没合眼，等到次日八点多一切就绪，我才终于放下了心。8月11日，股民在原来的发售点前排队，买到了连夜印好的兑换券，秩序很好，再无骚乱，这一场风波终于平息了。当夜，李鹏等几位中央领导都给李灏书记打电话，关注"8·10"事件处置情况。

金色辉煌　拓荒路上121项金融创新

有人说我是金融改革的开路先锋，先锋不先锋我不在乎，我既然来了深圳，就是想干点事的。可当时干点事不容易，环境太复杂。改革是一场深刻的革命，涉及方方面面的利益，有人想通过非正当关系和渠道进行原始资本积累，不满足他的要求，他就想方设法为难甚至进行人身攻击、威胁恐吓，这些我都遇到过，但有中央的支持和保护，我坚持着走下去。1995年，在北京金融系统一次2000多人的大会上，朱镕基讲金融监管，讲到困难时他说，有时候我们连一个小小的信用社都监管不了，深圳的王喜义来了没有？我站起来说来了，朱镕基说："你告诉我，谁是他们的后台？"我说："他们是用金钱开路，是用金钱做后台。"中央领导清楚我们的困境，理解我们的工作，我觉得倍感安慰。

我在深圳特区工作了十年，同各金融机构一起，先后推出了121项金融改革创新，有些完全没有先例可循、没有制度保障，对这些开拓性工作，我是按邓小平说的摸着石头过河来做的，不试不探索，怎么知道路在哪里。对这句话，我还有一个理解：你是领导、责任人，就要自己摸，不能什么事都等这个批那个批，你等人家批，等于风险让人家为你承担，所以我推进这些改革，就采取三种办法：先斩后奏、边斩边奏、斩而不奏。在这120多项创新当中，大概也就只有四五项是报批了再干的，其他的都不是批了以后再干，我不是蛮干乱干，对这些改革的推进我心里还是有底的。

只在一件事上，我觉得我的"乌纱帽"要不保了，这件事就是汇率并轨改革。1993年12月31日，国务院下发通知，将于1994年1月1日起实行汇率并轨改革，这是时任副总理的朱镕基兼任中国人民银行行长以来首推的重要改革。人民银行公告要求各个企业所有的外汇收入都要结汇卖给国家，由外汇局自动予以结汇；禁止外币在国内流通。当时深圳的港元流通很

图4 王喜义（右二）参加发展深圳证券市场国际研讨会

普遍，我匡算了一下，珠三角地区可能有200多亿港元流通额。当时深圳外向型经济已经基本形成，企业收入的外汇如果被银行自动结汇，要用的外汇又需要逐笔报批，会直接影响企业的日常运营。禁止外币流通，对深港两地的经济生活也会形成冲击，香港来深购买生活物资都是用的港元。这个规定如果实行的话，一下就管死了。

通知是1993年12月31日到达的，24点前各银行忙于结账、决算，我召集各家金融机构负责人24点后开会，看看有什么解决办法。大家说，深圳有的企业一天用汇就有十来笔，如果每一次都到银行去请批，麻烦就大了。怎么解决呢？大家经过充分讨论，提出了解决思路：企业设立一个待结汇账户，所有创汇都记在这个账户里，一个月之内的用汇，就在这个账户里解决，超过一个月，如该账户还剩有外汇，就一律要卖给国家，这样就有一个月的缓冲期，方便了企业操作；将通知中"禁止外币在国内流通"，修改成"禁止外国货币在境内流通"，香港就要回归了，港元不是外国货币的，这样就解除了对港元的限制。我们把修改后的通知重新打印做成公告公布了出去。公告一发，我一宿没睡着觉，这事是朱镕基兼任中国人民银行行长抓的第一件事，我们擅自更改，很可能我这乌纱帽要被拿掉了。

第二天一上班，我就给周正庆副行长打电话，当时朱镕基兼任行长，周正庆主持日常工作，我说我准备不干了，他连忙问怎么回事，我说把你的公告都改了，弄到朱镕基那儿他不会饶了我的，你派人来检查一下，帮我出出主意。我把同样的话又给外汇局局长说了。过了新年后他们都派了人来调查，调查完也没说什么，我就等着，这一等就等到了3月份。国务院安排朱镕基听的汇报太多，汇率并轨改革的汇报直到1994年3月16日才安排上。汇报时，各家分行都反

映了面临与深圳同样的问题。朱镕基问大家有什么解决办法，有人说深圳的办法是建一个待结汇账户，一个月之内的用汇都在这个账户解决，一个月用不完的卖给国家。他说深圳这个办法管用，就按深圳这个办法解决。这样一拖，我的"乌纱帽"不但没被拿掉，而且深圳的办法还被推向了全国，深圳金融改革创新也再一次造福全国。

这只是一个例子，改革的路上风风雨雨，披荆斩棘，但我无怨无悔，敢闯敢试的特区精神让我实现了投身改革开放的愿望。在深圳这个小舞台上，我们在中央领导支持下，在中央有关部委、人民银行领导的支持下，在深圳市直接领导支持下，集体唱出了中国金融改革开放的一出大戏，为国家金融体制改革先行先试尽了自己的绵薄之力。

附：深圳金融改革创新列举

1985年4月，建设银行深圳分行发放全国第一笔住房按揭贷款。

1987年9月，深圳经济特区证券公司成立，是中国内地第一家证券公司。

1987年4月，招商银行成立，是中国内地第一家企业自办股份制商业银行。

1987年12月，深圳发展银行成立，是中国内地第一家向社会公众公开发行股票、第一家公开上市交易的股份制商业银行。

1988年3月，深圳平安保险公司成立，是中国内地第一家由企业创办的股份制保险机构。

1990年11月，深圳证券登记有限公司试运行，是我国改革开放后第一家专业证券登记机构。

1990年12月，深圳证券交易所试营业。

1991年4月，中国人民银行深圳经济特区分行率先在国内实施贷款证制度，迈出社会信用征信体系建设的第一步。

1991年6月，深圳有色金属交易所成立，是中国内地第一家以期货交易所形式进行期货交易的交易所。

1992年，深圳建立了跨地区的银联，使一卡在手走遍神州成为现实。在此基础上，2002年，中国人民银行在上海成立中国银联股份有限公司。

1993年6月，深圳经济特区融资中心正式成立，是全国首家试行资金公开买卖的货币市场。

1994年1月，深圳外汇交易中心成立，是实现外汇保值和增值的第一家外汇经营机构。

……

（照片提供：深圳证券交易所）

■ 作者简介：

王喜义，1962年毕业于东北财经大学，高级经济师；曾任中国人民银行计划资金司副司长，中国人民银行深圳经济特区分行行长、党组书记。兼任过深圳市证券领导小组副组长、深圳证券交易所理事长。

中国证券业协会对行业自律管理的早期探索

马庆泉

我原在证券市场一线工作,从中国人民大学读完博士学位后,被分配到中共中央党校工作,先后担任研究所经济研究室主任、校委秘书。1993年破格评定教授职称,随后根据中央党校教师挂职锻炼的要求,到广东发展银行证券业务部挂职锻炼,在陈云贤博士团队里参与广发证券的早期创建。1998年,我回到北京,与洪磊同志一起筹建嘉实基金公司。

2000年,因中国证监会要求充实人员力量到中国证券业协会,加强证券业自律管理,由证监会机构部吴清同志推荐、经证监会领导批准,我到中国证券业协会担任专职秘书长。陈耀先副主席亲自带领我出席在友谊宾馆召开的第二届中国证券业协会会员大会。他说:"我们一直在物色一位专职秘书长,现在这个事情算是落定了。"此后我一直在协会工作到2005年夏天。我先后历经整个第二、第三届协会和第四届协会一段时间的工作,有幸在常振明理事长、庄心一会长、黄湘平会长的领导下,为证券业自律管理做了一些有益的工作,这是我一生中很有意义的一段经历。

第二届协会的主要领导是常振明理事长,当时常理事长任中信证券董事长,我在协会担任专职秘书长和法人代表,共有25家证券公司董事长或总裁担任协会第二届理事会理事。那个时期的协会,和第一届协会一样,属于打基础的起步阶段,员工只有十来个,后来,专职员工才发展到29人。

在中国证监会的关心支持和常振明理事长的领导下,我们做了三个方面的工作,对证券业自律管理进行了有益的探索。第一个方面是,第二届协会在服务会员、围绕市场热点和监管中心方面做了许多努力,比如及时组织各种培训和研讨活动,获得了证券经营机构的广泛好评,同时,也在协会经费比较紧张的阶段,为协会筹集了必要的办公经费。第二个方面是,中国证券业从业人员(包括基金从业人员)的从业资格管理开始起步。由于当时绝大多数证券公司的高管人员经验丰富但年龄偏大,经时任证监会主席周正庆同志批准,对副总以上的证券公司高级管理人员采取了"以训带考、训考结合"的形式,开办为期一周的培训班,考试合格发给结业证书。第三个方面的工作也是很有意义的,就是后来作为新三板基础的、为解

图1　1999年12月15～16日，中国证券业协会第二届会员大会理事、监事会议召开

决原来NET（信息和交易系统）和STAQ（全国证券自动报价系统）等遗留问题而进行的探索。当时这个工作是挂在中国证券业协会名下，协会和若干大型证券公司参与，主要由证监会信息部领导并组织实施。具体负责人是信息部主任徐雅萍同志（后来任中国证券业协会副会长），协会由我负责衔接，证监会屠光绍副主席负责指导该工作。第一家试点企业是在国泰君安挂牌的，徐雅萍同志和我参加了挂牌仪式。当时这个工作是初步的探讨，后来在第三届协会时期发展成为一个正式的市场层次。

第二届协会的工作既受到业内的高度赞赏，同时也赢得了证券经营机构的大力支持。为解决协会固定办公场所问题，由常振明理事长提议，第二届协会常务理事会通过决议，由副理事长单位向协会捐款，第三届协会就是用这笔捐赠，购买了富凯大厦B座二层，协会终于有了自己的办公场地。

在第二届协会期间，高西庆、陈东征、屠光绍、桂敏杰副主席和吴利军主席助理，都分管负责过协会的工作。

第三届协会是中国证券业自律管理和证券业协会发展比较重要的阶段。中国证监会调曾在国务院证券委办公室工作、后任深圳市副市长的庄心一同志到协会做"一把手"，负责中国证券市场自律管理体系的进一步建立和完善。

从庄心一同志到协会工作起，中国证券业协会改为会长制，庄心一同志任会长，我担任其助手，任常务副会长。中国证监会为协会的转型配备了强有力的领导班子，先后调光大证券总裁聂庆平同志任秘书长，后又从证监会调信息部主任徐雅萍、培训部主任杨晓武、上市部副主任邓映翎、机构部副主任熊伟、机构部处长钟蓉萨等同志到协会任职，分别担任副会长、副秘书长等职。中国证监会根据周小川主席提议，主席办公会议以证监会红头文件形式，给中国证券业协会以8项授权，把之前由中国证监会行使的一些行政监管职能移交到协会转变为行业自律管理职能，从而为中国证券业自律组织的自律权限提供了法律法规依据，为中国证券业协会的组织和运行机制的转变提供了坚实的基础。

庄心一同志非常重视对行业的调查研究，自担任协会会长起，每年春节后的第一项工作基本都是到各地进行调查研究。由于深入掌握了行业发展的第一手资料，所以协会的工作就比较能够贴近行业需要，想行业之所想，急行业之所急；同时也能够更有效地与证券经营机构沟通，在行业监管和自律管理之间架起桥梁，更好地贯彻市场监管的法律法规和政策。在第三届协会期间，证券投资基金和证券咨询机构的自律管理，都还隶属于中国证券业协会。

根据证券行业子系统的特点，分别建立相应的专业工作委员会，是庄心一同志领导协会在自律管理方面的一个重要探索。在他的领导下，我和聂庆平同志具体负责成立了投资银行业委员会、证券经纪业委员会、证券分析师专业委员会、证券公司财务管理专业委员会、证券投资基金业委员会、行业准则和纪律处分委员会等。后来，为了筹建代办股份转让系统（即后来的新三板），成立了金融创新委员会。这些委员会多数由行业里有影响的机构主要负责人担任领导。在协会领导下，专业委员会在证券行业的不同领域发挥了重要作用。

证券行业的从业资格管理在第二届协会的时候开

图2　2005年6月20日，中国证券业协会迁址至富凯大厦B座2层

始起步，在第三届协会的时候走上了建制化、规范化的轨道。由周自盛同志牵头，协会编写了一套完整的从业人员资格考试教材，建立了配套的考试题库；由杨晓武同志牵头，开发了从业人员资格考试的电脑考试系统；周巍屏同志负责的部门则建立了全市场从业人员资格的录入和查询系统。

第三届协会高度重视证券业的国际交流。协会与日本、韩国、美国、澳大利亚、英国等国家的证券业、证券咨询业、证券投资基金业，都建立了密切的联系，有经常性的互访和交流。由杨晓武同志具体负责，协会曾经与美国宾夕法尼亚大学沃顿商学院合作，组织过9届中国证券业的沃顿培训班，培训了一大批中国证券公司的高管人员。我本人也曾负责了与欧洲证券

图3 2000年7月5—6日，中国证券业协会证券分析师专业委员会成立大会

培训中心在英国里丁大学合作组织的中国基金业培训班，基金业不少公司领导和基金经理都曾经参加过这个班的培训。国际交流中的一些考察报告，我们上报给中国证监会和国务院有关部门，有些建议对市场建设起到了积极的作用。2002年10月24日，中国证券业协会在北京钓鱼台国宾馆主办了"亚洲证券论坛第八届年会"，这是亚洲证券论坛这一国际组织首次在中国召开年会，年会的成功举办进一步提升了中国证券市场的国际形象和影响力。

新三板的建设应该说是第三届协会的一项重要成就。该工作的探索在第二届协会已启动，到第三届协会开始强力推进。在第二届协会时，由证监会信息部主任徐雅萍同志牵头组织；后来徐雅萍和邓映翎同志先后调入证券业协会工作，在协会成立金融创新委之后，则由邓映翎同志担任主任，专门负责这项工作，进行前期论证、方案和运行机制设计等。协会从深交所借调了一批专业人员组成团队，他们做了许多基础性、创造性、实质性的具体工作，为新三板的建立打下了坚实的基础。在庄心一同志领导下，协会与证监会、国务院有关部门密切沟通，以中关村高科技企业为突破口，为多层次资本市场的建立作出了重要贡献。徐雅萍同志后来英年早逝，她早期在多层次资本市场建设中的工作贡献应该在此记上一笔。

第三届协会在自律组织的组织体系建设方面迈出了一大步。协会在党委领导下工作，实行理事会领导下的会长负责制。协会建立有监事会，对会员大会负责。对于之前在各地已经存在的地方证券业协会，中国证券业协会逐步探索对它们的指导机制，曾经数次组织过地方证券业协会工作经验交流会。庄心一会长提议并组织、设立了证券业自律监管联席会议，协会与沪深证券交易所（登记结算公司获邀每次参加）轮流主持，通过自律监管机构间的沟通会商，协调解决行业自律管理中的一些具体问题。我个人体会，从第三届开始，中国证券业协会才真正在证券市场上成为一个有名有实的行业自律组织。

图4　中国证券业协会与沪深证券交易所建立了联席会议机制

第四届协会由黄湘平同志任会长。黄湘平会长曾任湖南省证券管理委员会、湖北证监局的"一把手"，有较丰富的市场监管经验和全局把握能力。

我自2000年初到2005年5月，在中国证券业协会工作近六年，先后参与了第二、第三、第四届协会的部分工作，与协会各位领导、同事们建立了终生的友谊，我以能够与他们一起工作这么长时间而感到荣幸。根据协会领导的提议和中国证监会的推荐，我和原中国证监会首席会计师张卫国同志一同获得过国务院政府特殊津贴。我的证书上写的是"在证券行业监管方面的贡献"，我觉得非常惭愧，许多协会领导比我做的贡献更大，这个奖励本应发给他们。我自豪的是，我见证和参与了中国证券业协会对行业自律管理的早期探索，协会的这些探索和努力，为资本市场的稳定健康发展作出了自己的贡献。■

（照片提供：中国证券业协会）

■ **作者简介：**

马庆泉，经济学博士、教授、中国人民大学博士生导师，特华博士后工作站博士后导师，第二、第三、第四届中国证券业协会副理事长、秘书长、常务副会长（1999年12月至2005年5月），历任中央党校教授、校委秘书、研究所经济研究室主任，广发证券总裁，嘉实基金董事长，广发基金董事长，香山财富论坛创始理事、北京香山财富投资管理有限公司董事长。

证监会成立第一年的工作回眸

韩滨生

1992年,邓小平南方谈话谈到股票市场在中国究竟能不能搞的问题,明确指出"允许看,但要大胆地试",像一声春雷,使人们进一步解放了思想,推动了中国资本市场发展的历程。当年成立的国务院证券委和中国证监会,是对股票市场进行统一监管的国家管理机构,保证了资本市场健康发展。目前,中国资本市场已经成为具有相当规模、相当影响力的国际化的资本市场,回顾证监会成立第一年的工作,可以从中看到我们是怎样开启"万里长征第一步"的。

1992年11月2日,证监会成立的第一天下午,在保利大厦五层的会议室召开了证监会第一次全体会议。会议由傅丰祥副主席主持,还在医院进行体检的刘鸿儒主席专程赶来与大家见面并讲话。他讲的大致意思是,国务院赋予证监会的职责是对股票市场实施监管,使中国的资本市场成长壮大起来。这是一项崭新的事业,没有成熟的经验照搬,我们所做的是开荒铺路工作,责任重大,使命光荣,希望大家积极工作,努力学习,认真研究,做好自己的本职工作。对于上海和深圳的两个证券交易所,还是由地方主管,我们依法依规进行监管,不与地方争权。

参加会议的有二十多人,其中有朱利、李青原、高西庆、汪建熙、朱从玖、宋丽萍、聂庆平、任起峰、宋幼滨、鲁晓龙、徐庆来、庄穆、李冬萍、韩滨生、张哲、林雯、刘燕、闫文、李瑞萍、张紫群、俎晓光、郭双、刘万旭、张健、陈健康等（时间过去太久，记忆可能有误或遗漏）。他们来自国家体改委、人民银行和其他有关政府部门，还有中国证券市场研究设计中心（以下简称"联办"）的十多个工作人员（证监会正式运转后不久，部分人员又返回了"联办"）。

证监会一成立就立即开始各项法规制度的起草制定工作。对内，根据国务院的指示和有关批复，制定了证监会工作职责和"三定"方案。制定了证监会工作人员守则，要求全体工作人员积极奉公，努力工作，勤勉尽责。证监会最初设置了六部一室，即交易部、发行部、上市部、国际部、机构部、信息部和办公室。办公室下设秘书处、行政处、财务处和人事处。证监会的人员虽少，却少而精，效率高，秉承为地方、为企业竭诚服务的意识，反对机关衙门作风，得到广大来会办事人员的好评。

对外，证监会会同人民银行、国家体改委、财政部等有关部门，起草了《股票发行与交易管理暂行条例》《公司法》等有关资本市场管理的根本大法，为逐步建立我国资本市场法律法规体系奠定了稳固基础。同时，研究国内企业到境外上市问题，推出一批符合条件的企业进入国外证券市场。根据国务院的指示，证监会代管期货市场的整顿、规范工作，成立了期货部，合并出三个全国性的商品交易和期货交易场所。

此后一年之内，范福春、张志平、夏斌、桂敏杰、耿亮、徐雅萍等一批部门领导到任。1993年6月，国务院证券委办公室合署到证监会办公。同年8月，童赠银副主席到会，证监会机构和人员更加充实，监管力量不断增强。证监会也在这一年的工作磨合和锤炼中，逐步走向规范、健全和稳健。■

（题图提供：张冠琼）

■ **作者简介：**
韩滨生，1991年3月至1992年11月，在中国证券市场研究设计中心（"联办"）工作。1992年11月至2010年4月，在中国证监会工作，曾任处长、纪委监察局副局长、行政中心副主任等职。2010年8月退休。

我与上交所一起见证
中国资本市场对外开放发展历程

——— 王惠众

中国资本市场建立至今30年了。今天，中国的资本市场不再是一个封闭的国内市场，已成为国际投资者重点关注和投资的开放性市场。

B 股市场的建设

中国资本市场第一次对外开放起始于 B 股市场。1992年第一只 B 股电真空股票在上交所上市。为吸引和鼓励国际投资者积极投资 B 股，上交所允许境外证券经营机构通过与境内 B 股券商签订代理协议，以境内 B 股券商名义进入交易大厅交易 B 股，一下子吸引了美、英、日等国家和地区包括高盛、摩根士丹利、摩根大通、野村证券、大和证券、UBS、德意志银行、法国里昂证券、英国霸菱证券、怡富证券、新鸿基等众多国际知名金融机构申请 B 股交易席位，从而大幅度提升了 B 股交易量，活跃了 B 股市场。1993年，上交所再次推出重大举措，允许符合条件的境外 B 股券商申请第二个场内 B 股交易席位后可以成为上交所的海外会员，先后有 9 家境外 B 股券商成为 B 股海外会员。通过这一制度安排，上交所不仅增加了 B 股交易席位，吸引了更多的海外投资者投资 B 股，扩大 B 股交易量，而且推动更多的企业上市 B 股。

第一只 H 股——青岛啤酒1993年7月15日在香港上市后，投资者开始将投资重点转向当时更成熟的香港市场投资 H 股，B 股市场自此长期陷入低迷状态。2001年2月19日，为丰富境内居民投资渠道，重新活跃 B 股市场，国务院宣布 B 股市场向境内居民开放，允许持有外币现汇或现钞的境内个人居民在境内 B 股券商处开立 B 股账户。没有 B 股业务资格的境内券商不想错失这一良机，纷纷涌到上交所连夜排队申请 B 股业务交易资格，导致 B 股业务主管部门通宵加班开设绿色通道来审核众多的 B 股交易申请。

不过由于种种原因，向境内个人投资者开放，并未给已陷入长期低迷的 B 股市场带来生机。时至今日，B 股市场仍处于边缘化状态。

2001年12月11日，我国正式加入世界贸易组织。根据我国政府对世界贸易组织的承诺，我国证券业在 5 年过渡期作出 5 项对外开放承诺：

图1 2012年9月，QFII业务推介团赴美国推介业务时合影

1. 外国证券机构可以（不通过中方中介）直接从事B股交易。

2. 外国证券机构驻华代表处可以成为所有中国证券交易所的特别会员。

3. 允许外国机构设立合营公司，从事国内证券投资基金管理业务，外资比例不超过33%；加入后3年内，外资比例不超过49%。

4. 加入后3年内，允许外国机构设立合营公司，外资比例不超过1/3。合营公司可以（不通过中方中介）从事A股的承销，从事B股和H股、政府和公司债券的承销和交易，以及发起设立基金。

5. 允许合资券商开展咨询业务及其他辅助性金融服务。

这5项承诺标志着我国证券业对外开放进入了一个全新的阶段。其后，拥有B股场内交易席位的境外B股券商纷纷向上交所申请将原来以境内B股券商名义持有的B股席位转到自己的名下，而对于新申请B股席位的境外B股券商，则可以直接向上交所提交申请。同时，许多看好中国经济发展前景的金融机构纷纷与境内证券经营机构成立合资券商或合资基金公司，这些都为境内证券经营机构学习海外同行丰富的投资、风控、研发、资产管理经验及管理能力，提升

图 2　2012 年 9 月，作者在美国推介 QFII 业务

竞争力，增强实力，提供了很好的平台，尤其重要的是为中国资本市场国际化创造了良好的发展空间和时间。其后，有 10 多家国际知名投行在北京、上海设立合资证券公司，并先后成为上交所的会员，另外，有 3 家境外证券机构驻华代表处申请成为上交所特别会员，极大地丰富了上交所会员结构。

QFII 制度的实践

为持续推进中国资本市场国际化进程，吸引国际投资者投资中国市场，2002 年 12 月，我国推出 QFII 制度，允许符合条件的合格境外机构投资者投资 A 股市场。QFII 制度的适时推出，尤其是许多 QFII 长期投资者进入 A 股市场，为当时严重低迷的 A 股市场带来了一定的增量资金和不同于国内投资者的投资理念、研发能力、风控制度，一定程度上纠正了 A 股的过度投机行为，增强了国内投资者的投资信心。

为了全面落实 QFII 制度，证监会专门组织 QFII 评审会，邀请相关部门、外汇局、财政部、国税局、沪深证券交易所、中登公司审核 QFII 申请材料，确保

QFII申请资格和条件符合QFII制度的安排。我有幸代表上交所多次参与QFII评审会。其间，根据QFII审批原则，尽管有QFII申请者属于长期资金，且非常看好中国经济和A股市场，但由于两国监管机构尚未签署合作谅解备忘录（MOU）而无法获得QFII资格。同时，为确保QFII投资A股市场的资金长期和稳定，对于对冲基金一类申请人则一律不予受理。

2006年，为吸引更多符合条件的QFII进入A股市场，进一步规范QFII投资行为与管理，证监会会同国家外汇局对QFII法规进行了首次修订。作为上交所代表，我全程参与了QFII法规修订的讨论和定稿，并同时参与了证监会、国家外汇局关于QFII参与投资金融期货业务的法规草案制定。QFII法规修订后，由于进一步放宽了QFII准入的资格与条件、投资范围、资金汇入出管理与安排，QFII入市的需求旺盛，导致QFII投资额度呈现供不应求的局面，国家外汇局审时度势，及时扩大QFII投资额度，满足QFII的投资需求。

为鼓励和吸引更多国际投资者投资中国，2003年，上交所曾专门组团赴欧美推介QFII业务。2012年9月，上交所再次与证监会联合组团赴美国、加拿大推介QFII业务，均取得良好的效果，获得广大海外投资者积极响应。在美国推介期间，推介团专程拜访摩根士丹利（MSCI）总部，开启中国A股市场纳入MSCI指数的讨论。经过双方几年的努力，2018年6月1日，MSCI正式纳入A股指数，为A股市场带来更多长期稳定的海外投资资金。我有幸参加了这两次的海外推介，并代表上交所向海外投资者介绍上交所QFII业务概况。

18年来，QFII见证了中国资本市场的发展，也经历了中国资本市场逐渐对外开放的历程，分享到中国经济持续发展的成果。实践证明，引入QFII制度符合我国证券市场发展的需求，为中国资本市场国际化奠定了重要的基础。随着A股纳入MSCI指数比重逐年上升，QFII在上交所的交易量比重势必逐步增加，成为上交所不可或缺的主要机构投资者之一。

2011年12月，国务院宣布推出RQFII制度，中国资本市场又迎来了一批可直接用人民币投资A股市场的合格境外机构投资者，为上交所A股市场的稳定发展增添了新的投资资金。

经过10多年的发展，QFII和RQFII的投资行为已常态化。为加快中国资本市场对外开放进程，2019年证监会将QFII和RQFII合二为一，国家外汇局则取消了QFII/RQFII的投资额度管理。这一举措充分显示了中国资本市场已逐步与国际接轨。

2014年，经过紧张的筹备，上交所联合港交所推出沪港通，实现内地证券市场与海外证券市场首次真正意义上的互联互通。为确保符合条件的上交所会员单位顺利上线沪港通，我先后参与现场检查了40多家券商沪港通上线准备情况，保证上线后零差错。

回顾中国资本市场对外开放的发展历程，作为入所后一直从事国际业务的员工，我有幸参与并见证了上交所的国际化发展进程，可以说每一步都是"摸着石头过河"，用现在的话说就是"创新"。回顾往事，历历在目。上交所发展初期，我每天都会接待来

图3 1992年10月,作者在浦江饭店内第一交易大厅留影

自世界各地的众多投资者,他们一边用好奇的眼光参观交易大厅,一边会不断询问中国资本市场对外开放的具体时间表,而我则始终充满信心地对他们说,尽管我们现在市场规模很小,外资还不能投资A股,但中国资本市场对外开放势在必行,会循序渐进,最终(eventually)外资肯定可以投资A股。如今,当初外资所期望的中国资本市场对外开放的领域都在逐步实现。外资不仅可以通过QFII/RQFII、沪港通、债券通投资中国资本市场,而且从2020年4月起,证监会取消了证券公司、基金公司、期货公司外资持股比例限制。我深刻体会到,中国资本市场能在短短30年时间里发展成为国际投资者瞩目的证券市场,完全得益于持续增长的中国经济和改革开放,得益于国务院发布的相关政策以及证监会、国家外汇局适时推出的一系列对外开放政策和举措。上交所作为中国证券市场第一线监管者和服务者,为鼓励和吸引国际投资者进入中国资本市场,推进上交所国际化进程,也采取了一系列积极的市场举措和制度安排。

展望未来,随着中国资本市场各方面的发展更成熟、更自信,更开放,以及国际竞争力不断提高,我深信,中国资本市场势必成为全球资本必须配置的一个不可或缺的要素市场,而中国的金融服务机构也将遍布于世界各地,服务于中国投资者和国际投资者。■

(照片提供:王惠众)

■ 作者简介:

王惠众,1992年8月进入上海证券交易所工作,主要负责上交所对外联络接待、国际业务拓展工作,包括B股市场及QFII/RQFII业务的制度设计、法规修订、业务拓展、监管与服务等,并长期分管境内证券公司、基金公司、保险公司监管与服务。2016年8月退休。

砥砺前行的新中国证券市场

刘钊

"承史传世，岁月流金。"在证券史的记录与传承方面，在马庆泉博士的带领下，我们有一个小团队，多年来进行着一项比较艰苦但却非常有意义的工作，就是进行中国证券史的编著，目前已经出版了两卷《中国证券史》，第三卷的写作也已经启动。

对证券史研究分期的思考

在历史研究中，最基础和关键的问题就是历史分期。因为历史分期不仅涉及发展主线、阶段性特征等基础性问题，还涉及对各个历史发展阶段的规律性认识和总体评价问题，有时甚至要从政治的高度来认识分期问题。

与所有历史研究一样，证券市场的分期有不同的划分标准，主要有以下三种标准：

一是根据历史的客观事实和自然发展进程来分期。比如历史研究中的按照朝代分期，在证券史研究中按照年份进行分期。中国证券业协会每年出版的《中

图1 1999年7月1日，《中华人民共和国证券法》正式开始实施

国证券业发展报告》其实就是这种类型的文献。这种标准的优势是分期是天然存在的，不以人们的意志为转移，因而比较客观，但其不足之处是缺乏一个框架来帮助我们系统地理解历史、认识规律。

二是根据某种理论来进行分期。比如，我国研究人类社会发展的历史分期标准就是马克思提出的社会发展五个阶段理论。在证券史研究中，也有很多专家采取理论视角的标准，比如上海证券交易所胡汝银博士就将改革开放后中国证券历史分为行政分权格局下地方政府主导年代、行政集中控制格局下中央政府主导年代、依靠市场参与者主导作用的后行政集中控制时代等。其主要依据的理论基础是能力禀赋诱导的资本市场发展理论。这种标准的优点是理论性和逻辑性较强，不足之处是受理论框架的制约较大，其接受程度取决于对理论的认同度。

三是根据某一时期最突出的时代特征并结合关键时间节点和重要事件来分期。重大历史事件往往成为划分历史时期的标志，这是当前研究证券史比较常用的分期方法，只不过选取的关键节点有所不同。比如，曹远征博士以中国证监会的成立和国际金融危机爆发为节点进行分期。我们进行中国证券史研究时采取的就是这一分期标准，但对关键节点事件的选择与曹远征博士有所区别。我们以沪深证券交易所成立、《证券法》实施和国际金融危机爆发这三个重要节点事件，将改革开放以来的证券市场发展分为四个阶段。这种方法的优势是相对比较直观，不足之处是理论性有所欠缺。我们在证券史写作中遵循的一个原则就是述而不作，客观记录历史，不过多地进行理论探讨及从理论上进行解释。

当然，划分历史时期采取的标准虽然有所不同，但这些标准没有绝对的正误，要根据研究的需要来选择。不同的历史分期法其实都存在着内在的有机联系，不同的标准也可以结合使用。同时，随着时间的拉长，原先确定的分期肯定会有所调整，我们下一步就要对已出版的两卷《中国证券史》进行修订，要对分期以及各阶段的名称进行调整。

改革开放以来我国证券市场的发展阶段与主要特征

我们认为，改革开放以来，我国证券市场发展主要分为以下四个阶段。

（一）恢复和起步时期（1978—1990）

这一阶段之所以称为恢复时期，是因为我国早在晚清时代就出现了近代意义上的债券和股票的发行与交易。辛亥革命后，武汉、北京、天津、上海都出现了证券交易所，只不过后来都关闭了。新中国诞生前后，天津证券交易所、北京证券交易所相继成立，也发行过公债，后来也都被取消了。自1959年起我国不再发行公债，1969年，我国宣布成为世界上第一个"既无内债，也无外债"的国家。直到1978年改革开放后，我国资本市场才再度萌发，因此，这一阶段被称为恢复阶段。

这一阶段之所以还称为起步阶段，是因为我国之前的资本市场实践几乎归于零，重新建立的是现代意义上的证券市场，是从一片空白开始起步的。

这一阶段的主要特点包括以下几个方面。

1. 证券市场具有一定的自我演进性质

党的十一届三中全会开启了中国经济体制改革的大幕，这是新中国证券市场发展的基础。

改革开放后，我国的证券市场是在计划经济的缝隙中成长起来的，其启动始于1981年国库券的发行，国库券也是这一阶段证券市场的主流品种，因为国债是最容易受政府掌握的金融工具，这也符合世界证券市场的发展规律。

而这一时期股票发行和股份制的发展具有一定的自发性。一些企业开始探索实施股份制，尝试发行股票，但很多还不是很规范，比如1984年9月，北京天桥百货股份有限公司完成股份制改造，发行了股票，不过它既定期，又分红，还支付利息。1984年11月上海飞乐音响股份有限公司发行的股票，被认为是第一只规范意义上的股票。

2. 交易制度的设计有明显的起步时期的特征

这主要表现在以下两点。一是交易场所都是区域性尝试。1986年8月，沈阳市信托投资公司开办窗口交易，被业界称为第一个吃螃蟹的。同年9月，中国工商银行上海信托投资公司静安证券营业部率先对飞乐音响和延中实业实行挂牌交易，标志着股票二级市场雏形的出现。当时，也有一些人倒卖国库券，尤其是在农村地区进行收购。二是总体来讲，这些场外交易都不很规范，没有交易记录，没有成交确认制度，没有过户交割机制，没有交易监控制度，没有信息披露制度等，市场极为混乱，纠纷不断。因此，尽快成立规范的证券交易所就迫在眉睫。

3. 多头监管，政出多门

1981—1985年，我国证券市场由财政部主导，1985—1992年，主要由中国人民银行主管，国家计划委员会、国家经济体制改革委员会、中央政府其他机构及地方政府参与管理。由于"政出多门"，没有明确的集中统一的市场监管制度设计与安排，市场监管主体明显缺位。

因此，实现制度创新的突破、推行合理的制度安排、明确市场监管主体，就成为下一阶段中国证券市场规范发展的迫切任务。

（二）快速发展时期（1991—1998）

这一阶段的重要起始节点事件是沪深证券交易所成立。

这一阶段重要的历史事件包括：

1. 证券交易所成立

1990年12月19日，上海证券交易所在浦江饭店孔雀厅正式挂牌开业。1991年7月3日，深圳证券交易所正式开业。沪深两个交易所的开业，成为中国证券市场划时代的开端。开始先是在上海和深圳本地发行的股票开始进场交易，这就是所谓的上海"老八股"和深圳"老五股"，之后，国内证券交易开始逐步规范化。

在这前后，我国三大期货交易所也相继成立。

2. 统一监管的逐步形成

市场缺乏统一监管暴露出了很大的风险。1992年"8·10"事件，加快了中央建立统一监管机构的决心。1992年10月，国务院证券委员会和中国证券监督管理委员会成立，标志着我国证券市场集中统一的监管体系逐步形成。1998年，国务院证券委撤销，中国证监会成为中国证券期货市场的监管部门，建立了集中统一的证券期货市场监管框架，证券市场由局部地区试点试验转向全国性市场发展。

证券业自律组织也是在这一阶段起步的。1991年8月，中国证券业协会成立。

这一阶段的主要特征是证券市场有了飞跃式发展。以股票市场为例，1991年证券交易所上市公司仅有14家，市价总值为109.19亿元，成交金额为43.37亿元。而到1998年底，上市A股达到825家、B股106家，有力地促进了国有企业改革和经济结构的调整。

（三）规范发展时期（1999—2007）

这一阶段开始的重要节点事件是《证券法》的实施。这一阶段称为规范发展阶段，主要表现在重要法律法规的实施和重要基础性制度改革的推进。

1. 《证券法》实施

自1999年7月1日起，《中华人民共和国证券法》开始实施，中国证券市场的法律地位得到确立。这是中国证券市场发展的里程碑，标志着中国证券市场进入进一步规范和发展时期。

2. "国九条"颁布实施

2004年1月31日，国务院发布《关于推进资本市场改革开放和稳定发展的若干意见》（业界称为"国九条"），将发展中国资本市场提升到国家战略任务的高度，为进一步改革与发展奠定了坚实的基础。

3. 证券公司风险处置与综合治理

2004年前后，证券公司长期积累的问题充分暴露，风险集中爆发，全行业生存与发展遭遇严峻的挑战。

2004年8月至2007年8月，中国证监会对证券公司实施综合治理，进行分类监管，推进业务创新，并分三个阶段进行风险处置。证券公司长期积累的风险和历史遗留问题平稳化解，维护了金融和社会稳定。

4. 股权分置改革

2005年4月29日，股权分置改革试点工作正式启动。

2007年底，完成股权分置改革的上市公司占比达到98%，股权分置改革工作基本完成。

股权分置改革是截至当时我国资本市场最重大的一项基础性制度变革，从本质上消除了影响证券市场功能的制度性障碍。

（四）多层次资本市场建设时期（2008—2019）

这一阶段重要的起始节点事件是国际金融危机的

爆发。国际金融危机对我国证券市场的健康发展提出了新的挑战。这一阶段的主要特征和表现是多层次资本市场框架逐渐完善，以注册制的探索为代表的市场化步伐加快。

1. 多层次资本市场的初步建设

我国首次明确提出建立多层次资本市场是2003年10月党的十六届三中全会，但其真正发展是在2008年以后。

（1）创业板。2009年3月31日，中国证监会正式发布《首次公开发行股票并在创业板上市管理暂行办法》。2009年10月23日，创业板举行开板启动仪式。这意味着我国多层次资本市场建设迈上新台阶。2009年10月30日，首批28家创业板公司的股票正式上市。

（2）新三板。新三板市场是我国股票市场中一个特有的重要组成部分。2013年1月16日，全国中小企业股份转让系统正式揭牌运营，这是原新三板经过两次扩容形成的。新三板引入了做市商制度，是一个有益的探索。

（3）科创板。2018年11月5日，在首届中国国际进口博览会上，习近平主席宣布将在上海证券交易所设立科创板并试点注册制。2019年3月1日，证监会、上交所正式发布相关部门规章、业务规则和配套指引；3月22日，上交所公布科创板首批9家受理企业名单；6月13日，科创板正式开板；7月22日，科创板首批25家公司股票上市。

此外，2017年1月26日，国务院办公厅出台《关于规范发展区域性股权市场的通知》，指出规范发展区域性股权市场是完善多层次资本市场体系的重要举措。这一阶段，证监会还进行了股权众筹的尝试。

经过多年努力，我国多层次资本市场逐渐成型。

2. 核准制向注册制发展

党的十八届三中全会提出，推进股票发行注册制改革。

2015年12月27日，全国人大常委会审议通过《关于授权国务院在实施股票发行注册制改革中调整适用〈中华人民共和国证券法〉有关规定的决定》，授权期限为二年。2018年2月24日，全国人大常委会决定将授权期限再延长二年。

2019年1月30日，中国证监会发布了《关于在上海证券交易所设立科创板并试点注册制的实施意见》，在科创板试点注册制。

2019年12月28日，新修订的《证券法》获得通过，明确了"证券发行注册制的具体范围、实施步骤由国务院规定"。这为实践中注册制的分步实施留出了制度空间。

我们认为，证券市场发展到2019年底、2020年初可以看成是一个阶段的完成。大的背景是中美经贸协议初步达成一致，市场的不确定性有所收敛，有望进入一个新的时期，但同时，新型冠状肺炎在全球爆发也给社会经济带来一定的冲击和不确定性。标志性节点事件是2019年12月28日新修订的《证券法》获得通过。按照我们的规划，《中国证券史》第三卷要记录的就是2008—2019年这一段的历史。

2019年之后的阶段，以注册制全面推行为起点，

中国的证券市场将进入一个更具国际开放性和更强市场性的阶段。

从历史发展中探寻规律

习近平总书记指出,"只有回看走过的路、比较别人的路、远眺前行的路,弄清楚我们从哪儿来、往哪儿去,很多问题才能看得深、把得准。"从证券历史的发展过程中,我们可以认识到很多规律性的问题。"不识庐山真面目,只缘身在此山中。"有些事情,只有放在历史的长河中去考察,才能看得更清晰、认识得更透彻。意大利哲学家克罗齐说过,"一切真正的历史都是当代史。"我们只有从历史的高度去看问题,才能总结经验,汲取智慧,走好脚下的路。

规律一:证券市场是资源配置的核心。

从历史经验来看,证券市场对一个国家和地区发展可以起到非常重要的作用。这是为什么要发展证券市场的原因,也是发展证券市场的使命。

从世界历史发展可以很明显地看出这一规律。世界金融中心是从荷兰,到英国,再到美国,在这一过程中,证券市场起到了决定性的作用。

荷兰建立了世界上第一个证券交易所,分散了出海的风险,成为"海上马车夫",被马克思称为当时的"海上第一强国"。

在英国取代荷兰成为金融中心的过程中,强大的证券市场发挥了重要作用。英国发展了有限责任和信托文化,为工业革命做好了组织形式上的准备。英国为了战争的需要发行了大量的政府债券和股票,这使得英国在与法国的英法七年战争打了胜仗,从此走上向外扩张的道路,最终成为日不落帝国。

美国证券市场首先是为了开发运河、修筑铁道等建设国内产业基础而坚实地发展起来的。在南北战争中,北方靠发债融资27亿美元,最后战胜南方。强大的证券市场对美国的发展起到了非常重要的支撑作用。证券市场是美国企业主要融资来源,助推了新兴产业和高科技产业的发展,而且证券市场放大了成功的示范效应,之后美国产生了很多世界知名的大公司。证券市场使得金融体系极具弹性,虽然美国经历了更多的经济和金融危机,但能够很快地得以恢复。法国兴业全球首席经济学家麦拉克·马库森认为,欧洲对以银行为中心的金融体系过度依赖,导致了欧洲在2008年国际金融危机后的复苏要远远慢于美国,基本上花了10年时间才恢复到危机前的水平,比美国慢了一半。更重要的是,强大的资本市场使得美国可以吸引全球资本,为推行美元霸权奠定了基础。

从我国证券发展历史来看,历经风雨,砥砺前行,也充分说明了这一规律。我国用不到四十年的时间走过了西方四百多年的道路,取得的成就是辉煌的。我国股票资本化率一度高达180%。2019年9月,我国沪深两市上市公司近3700家,总市值达54万亿元,是全球第二大股票市场。截至2019年末,我国债券市场余额97.10万亿元,已成为全球第二大债券市场。

从更深层面看,证券市场的发展对我国经济体制改革作出了巨大的贡献。比如,中国大型商业银行在十几年前面临着"山雨欲来风满楼"的困境，不良贷款率高达20%以上，一度到了"技术性破产"的地步。通过股份制改革并通过证券市场，中国银行业走出了一条涅槃重生的道路。2019年英国《银行家》评选出的全球1000强银行榜单中，中国工商银行、中国建设银行、中国农业银行、中国银行四大银行占据了前四名。

经济最后的竞争体现在金融能力的竞争。大力发展证券市场是推进我国金融供给侧改革的突破口。解决目前中国的诸多问题，比如，要解决经济下行、企业融资难融资贵、房价高企、养老金不足等难题，支持实体经济发展，都需要大力发展证券市场。而我国要在国际竞争中立于不败之地，也必须大力发展证券市场。

规律二：证券市场发展不能脱离本质。

证券业的本质，是以股权交易形式表现出来的跨时间和跨空间的价值交换与风险分散。因此，证券市场的主体涉及投资者与融资者。这是发展证券市场的初心，也就是为了谁的问题。从我们的证券历史看，在股票市场发展初期就存在目标偏差问题，创立证券市场最初目的是为国企改革和脱困服务，并据此设计了发行审批制度及股权分置制度。也就是说，我们在发展证券市场之初，过于强调其融资功能，特别是对国有企业改革的作用，而忽视了其投资功能。

投资功能的缺失使得投资者保护问题一度得不到重视。投资功能丧失的一个重要表现是上市公司不重视回报，很多上市公司不分红，投资者只能靠博取价差获利，价格偏离价值成为必然。投资功能丧失还有一个表现是退市制度不健全，上市公司即使亏损也维持上市，这就鼓励了投机炒作等交易。这些教训要避免。

在各金融市场中，相对于银行、保险等子市场，证券市场是最具投资功能的市场，因此，要重视证券市场的投资功能，使人们真正享受财产性收入，股市绝不应该成为"财富绞肉机"。

规律三：要敬畏市场。

一是坚持市场化改革，以市场化促进效率。从证券市场发展历史可以看出，凡是取得成功的领域，都是与不断推进市场化分不开的。例如，我国股票发行制度经历了几次重大变革，由以行政为主导的审批制（额度控制、指标管理）逐步向市场化方向的核准制（通道制、保荐制）发展，再到如今注册制的尝试并扩展，就是一个不断市场化的过程。

二是市场化不是自由化，要对市场有敬畏之心，尊重市场规律。股市发展最终不能脱离实体经济，要遵循价值规律。古今中外的历史都说明了这一道理。从国际实践来看，1929年美国大牛市的最后疯狂、1987年波及全球的"黑色星期一"前的股票市场投机活动日益猖獗、2000年网络概念股灾席卷全球前夜的股价暴涨，都是脱离实体经济发展的泡沫破灭前的狂欢。一直以来，中国"股经背离"现象比较明显，说明股市脱离实体经济状况较为严重，加之媒体的不当渲染，几度造成市场严重波动。这样的教训必须深刻汲取。

规律四：更好地发挥政府作用。

一是政府要勇于作为，要承担起监管证券市场的

图2 2019年7月22日,首批25只科创板股票开始在上交所交易,科创板正式开市

职责。

美国在大危机后,发现有严重的操纵、欺诈和内幕交易行为,1932年银行倒闭风潮,又暴露出金融界的诸多问题。在痛定思痛、总结教训的基础上,从1933年开始,罗斯福政府对证券监管体制进行了根本性的改革,建立了一套行之有效的以法律为基础的监管构架,重树了广大投资者对股市的信心,保证了证券市场此后数十年的平稳发展,并被世界上许多国家所仿效。

十几年前,《伟大的博弈》这本书很流行,作者约翰·戈登就说过:"从长期来看,一个完全自由的市场是一定会崩溃的。""一个自由的市场并不是一个没有监管的市场,市场需要有人仲裁,也需要有人来制定规则。"

从我国证券市场发展史来看,有旧中国证券市场的失控、新中国证券市场发展初期的乱象,有法治不断完善、统一市场和统一监管、证券公司综合治理等有效管理为市场带来的升级与活力,这些从正反两个方面充分说明了这一规律。

二是政府要善于作为,要不断提升业务能力和水平。政府该管的管,不该管的坚决要放,对于该管的事也要会管。政府管理不善可能会引发更大的风险。

我们可以从一些例子来看一看。1992年深圳"8·10"事件中,预定从9点钟开始发售新股抽签表,但不到10点钟就卖光了,有人怀疑认购证被私分了,有人打出反腐败的条幅,甚至围攻市政府。其中问题主要出在管理部门缺乏经验,对市场判断不足,人为制造了恐慌情绪。如果当时能及时传达不限量发行的

信息，问题也许很容易就能得以解决，后来问题得以解决也是通过增加发售认购表得以实现的。2015年股市波动中清理场外配资和熔断机制推出，也是因为缺乏经验和管理技巧而引发了市场波动。政府在如何对待股市波动问题上认识有不到位的地方，监管者对市场的不当干预，破坏了市场规律。

规律五：构建理性的证券市场文化。

传承历史文化可以拓宽思维、探究根源，证券文化建设必须结合我国的政治、经济及历史传统，从而理性地构建证券文化生态圈。

以股票市场为例。股权文化的要义是鼓励股权投资，推崇投资者保护。

从公司角度看，我国的传统文化注重国家和集体利益。证券市场发展之初的功能设计中过分强调融资功能，这就是股权分置问题产生的思想根源，其后果之一就是使得很多人把股市错误地当作"圈钱"手段，这与西方的"内源融资—债务融资—股权融资"啄食顺序理论正好相反。我国传统上存在"重农抑商"的观念，企业在"士农工商"中排在最后面，股权投资文化没有很好地建立起来，受到排挤的企业自然地会存在一些投机的思想。

从投资者角度看，受传统自然经济的影响，中国人封闭的心理意识较强，因而中国股民散户较多。中国的文化传统强调服从，人们对政策的依赖性较强，因此股市中"政策市"现象明显。中国文化是耻感文化，重视他人的评价，因此，从众心理严重，"羊群效应"更为明显。同时，由于好面子，股民想赢怕输，注重短线操作，追涨杀跌。这些既是我国股民过度投机行为的文化思想根源，也是我国股市频繁而剧烈波动的重要原因之一。

同时，文化作为非正式制度变迁，具有长期渐变性，不能简单地加以移植，否则很可能形似而神不似。比如，国外广泛采用的独立董事制度，在我国的发展就曾广受诟病。

中国证监会主席易会满指出：我们的市场起步较晚，发展较快，法治诚信和契约精神还有待进一步深化，市场文化还要进一步厚植和沉淀。

中国传统文化有很多优秀因素，关键是真正做到知行合一，真正地落实、好好地传承。这正是中国证券博物馆建设的意义所在，也是我们证券史写作的动力所在。我们希望能够有更多的同仁加入到研究证券历史、传承证券文化的队伍中来，让我们踏实地研究历史，清醒地认识现在，更好地走向未来。■

■ **作者简介：**

刘钊，《中国证券史（第一卷）》《中国证券史（第二卷）》副主编，南开大学经济学院兼职教授，对外经济贸易大学特约研究员、研究生导师，现就职于中国金融出版社。

革命根据地股票发行的主要特点析论

万立明

摘要

早在大革命时期，中共领导创办的消费合作社或平民银行等机构就开始尝试发行股票。整个民主革命时期，中国共产党始终重视股份制经济，积极利用发行股票的方式筹集资金，因而革命根据地相继出现了银行股票、各种合作社股票以及企业股票等，从而充分发挥了股票的应有作用，在红色金融发展史上留下了浓重一笔。革命根据地股票发行呈现的主要特点是股票发行探索和实践的持续性和长期性，股票类型的多样化并以合作社股票为主，股票管理极具特殊性，高度重视股票发行规章和政策的制定，股票发行虽有一定的群众基础，但根据地军民对股票尚缺乏真正的认识。

股份制经济是以投资入股的方式把分散的生产要素集为一体，统一经营、自负盈亏、按股分利的经济组织形式。投资入股是实现股份制经济的基本途径，按股分利是股份制经济的基本分配原则。整个民主革命时期，中国共产党始终重视股份制经济，积极利用发行股票的方式筹集资金，从而充分发挥了股票的应有作用。

革命根据地股票发行的基本概况

早在大革命时期，中共领导创办的消费合作社或平民银行等机构就开始尝试发行股票。根据笔者掌握

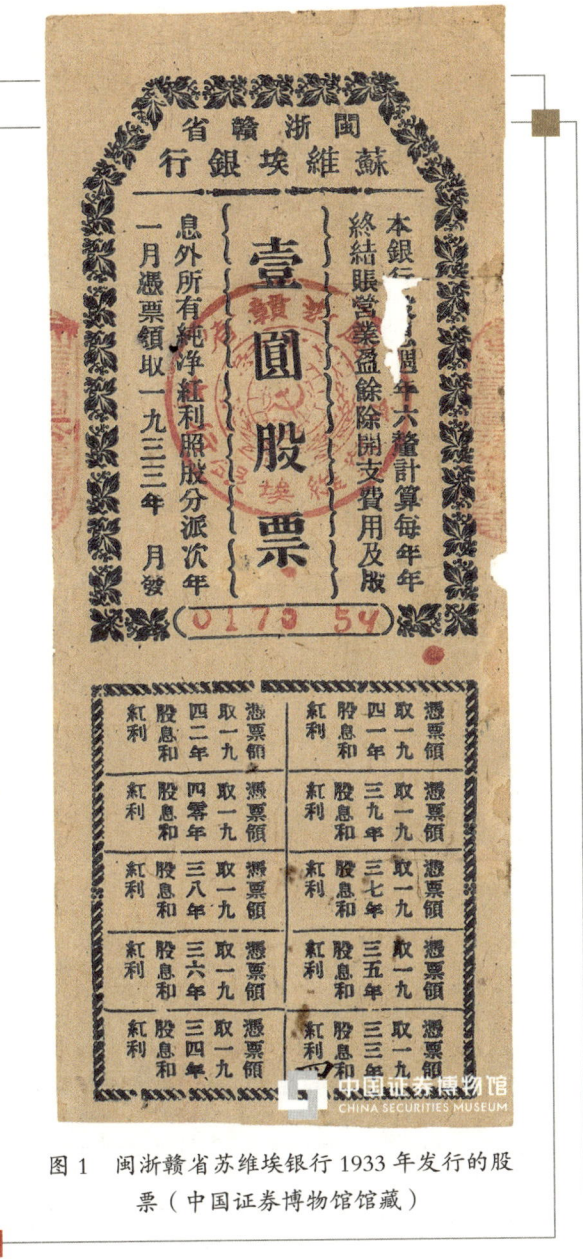

图1 闽浙赣省苏维埃银行1933年发行的股票（中国证券博物馆馆藏）

的资料，安源路矿工人消费合作社于1922年发行的股票是中国共产党领导创办的组织最早发行的股票。1922年7月，安源路矿工人俱乐部集资百余元，创办了工人消费合作社。1923年2月7日，安源路矿工人消费合作社开始正式营业，工人为消费合作社筹集股金7800余元。①消费合作社给每位认股者发了自行设计的股票作为凭证。该股票上持股人的姓名、股金数额和日期，临时用毛笔填写，并盖着消费合作社印章以及总经理易礼容的私章。1927年1月，在湖南浏阳东六区建立了浏东平民银行，其章程中明确规定该行为股份有限公司，股份总额为6万元，10元为整股，1元为零股，六团（团相当于区）平均各认1000整股。自行订章分配于农工商学各信用团体或合作社，但私人投资应以一整股为限。②因此，大革命时期安源路矿工人消费合作社和浏东平民银行股票是中国共产党股票发行的最初尝试，也为后来股票发行工作提供了经验，具有重要的开创意义。

从现有资料来看，1929年10月，闽西永定县第一区信用合作社发行的股票是土地革命时期根据地最早发行的股票。1929年9月，中共闽西特委发出第7号"通告"，要求各区着手发动群众"招集私人股金创办信用合作社"，以便做到"农民卖米买货不为商人所剥削，而农村贮藏资本得以收集，使金融流通"。在党的领导下，闽西根据地闽西苏维埃政府于1929年10月成立上杭县北四区信用合作社和永定县太平区信用合作社，其他各区、乡也相继开始筹办信用合作社。1930年春，闽西永定县第一区信用合作社总共募集股金3000余元，每股1元，群众认购了40%，商店认购了60%。③

闽西工农银行是土地革命时期中国共产党最早建立的股份制银行，该行对银行股票的发行政策做了最初的探索。1930年9月，闽西第二次工农兵的代表大

会决定建立闽西工农银行。银行开办基金为20万元，由工农群众入股集资。20万元分为20万股，每股1元。募股委员会成员由各级政府、各级工会和部队有关人员组成，负责募集股金，银行委员会委员督促检查。[4] 闽西工农银行股票最大的特色是图案中使用马克思、列宁头像，右边框内书"一、本股票不得在市面流通买卖，二、凭票向本银行支领应得红利"，并用毛笔填写股票持有人：（福建省）汀连县一区芷溪乡黄国璋。[5] 闽西工农银行成立后又扩股2万元。

从各苏区情况来看，中央苏区的股票发行不仅种类多，而且数量大。除此之外，闽浙赣省的发行规模也较大。赣东北特区贫民银行成立时股金仅有1万元，但其改名为闽浙赣省苏维埃银行后，即招股20万元。据统计，1933年内仅3个月时间，群众集股就达十几万元，每家集股30股至50股（每股1元）。省苏（即省苏维埃政府，下同）出钱集股达10万元。[6] 此时，尽管中共领导下的根据地股票发行总量相对数额较低，但是这种集资方式，对于合作社经济的发展、银行机构的创办和运转等都发挥了至关重要的作用。

抗战时期，抗日根据地的各类合作社仍然采用股份制形式创办，因而发行了一定数量的股票，还有少量的银行机构也曾发行过股票。例如，山东抗日根据地北海银行初创的时候，吸收了大量的民股，北海银行清河分行也采用股份制形式创建。1941年3月9日，《群众报》发布《北海银行清河分行集股简章及组织草案》，规定该行资本金暂定为国币30万元，分为3万股，每股10元，比例为官六民四。[7] 1942年2月，

根据上级指示，清河分行改为国营银行，收回民股，并将所发行的民股划拨贸易局，并换取贸易局股票。1937—1944年，陕甘宁边区合作社数量、社员数、股金数都呈现较大幅度的增长。到1944年，各类合作社数量的增长比率为487%，股金数量的增长比率高达4526935%。

解放战争时期，解放区股票的主要发行机构仍然是以各类合作社为主，私营股份制银行、银号等也发行了一定数量的股票。值得注意的是，解放战争时期，还出现了股份制的国有银行、民营银行、银号和企业公司等。

因此，中国共产党领导下的革命根据地较为普遍性地探索了股票发行业务，以此集中和利用群众闲散资金，对于革命根据地的巩固和经济发展，发挥了不可替代的作用。

革命根据地股票发行的主要特点

（一）股票发行探索和实践的持续性和长期性

从大革命时期、土地革命时期到抗战时期，再到解放战争时期，中国共产党始终都在革命根据地进行发行股票的尝试和实践，明显体现出持续性和长期性的特点。

大革命时期，中共领导创办的消费合作社或平民银行等机构就开始尝试发行股票，因而安源路矿工人消费合作社股票成为中国共产党领导创办的组织最早发行的股票。土地革命战争时期，尤其是中华苏维埃

共和国成立后，为发展经济，中国共产党领导下的根据地政府较为普遍性地探索采用股份制，发行股票，充分集中和利用群众手里的资金。对于合作社股票的发行，还制定了统一的条例或章程。土地革命时期，中国共产党成功地将股票这种资本组织形式应用于新民主主义政权性质下的根据地，对于当时根据地的政权巩固和经济建设给予了有力支持，成为中国共产党领导金融建设方面的一次创新。

抗战时期，各抗日根据地继续探索利用股票筹集资金，因而出台了发行股票的相关办法，其中主要发行了合作社股票。例如，山东胶东解放区于1944年4月发行了荣城县俚岛合作社股票。另外，由于晋察冀边区政府的大力扶植和广大群众的支持，1940—1941年，信用合作事业获得了空前的发展，股票发行数量也随之迅速增长。到1940年底，晋察冀边区合作社猛增到6073个，社员达到842015人，股金达到1576925.86元。⑧据1944年6月14日的《延安县信用合作社工作总结》，延安县自1943年3月南区沟门信用社试办成功以后，已在全县10个区内建立了8个信用社。这些信用社都是以股份制的形式创办的。

解放战争时期，解放区的各类合作社仍为股票发行主体，例如，1946年胶东解放区荣成县群利合作社发行的股票。此外，私营股份制银行、银号等也探索发行了一定数量的股票。例如，冀南银行三分行采用群众集股的办法于1946年上半年创办了彭城信用合作社，5月29日至6月3日，共收股金达1525500元，该信用社于7月1日正式开张营业。东北解放区还发行过企业公司性质的股票。

革命根据地对股票持续性和长期性的探索和实践，充分说明中国共产党始终重视通过发行股票来筹集资金，在这个过程中无疑也积累了丰富的、可资借鉴的经验。

（二）股票类型的多样化

革命根据地发行的股票类型是多样化的，其中，由于合作社类型多种多样，因而合作社股票更为丰富。与银行股票相比，合作社股票的发行虽然时间早，但发行数额却相对较少。革命根据地的股票有以下三类：

一是银行股票。土地革命时期，革命根据地的银行一般采用股份制，因而发行了大量的银行股票。闽西工农银行、闽浙赣省苏维埃银行、湘赣省工农银行、中华苏维埃共和国国家银行湘赣省分行、苏维埃国家银行湘鄂赣省分行等均发行了股票。赣东北特区贫民银行开创期间，采取招股集资办法，先后由工农群众集股1万元左右。抗日根据地的少数银行仍采用股份制形式创办。例如，1938年3月，山东抗日根据地筹办的北海银行是公私合股经营，属官民合办性质。解放区也发行了一定数量的股份制银行股票。1946年4月，晋冀鲁豫解放区成立了瑞华银行筹备处，并在重庆《新华日报》刊登《瑞华银行募集股金启事》，共计300亿元（冀钞），同时还制定了详细的《瑞华银行招股简章》。⑨

二是各类合作社股票，包括生产合作社、粮食合作社、消费合作社和信用合作社。土地革命时期，中央苏区生产合作社发行的股票种类比较多，如纸业生

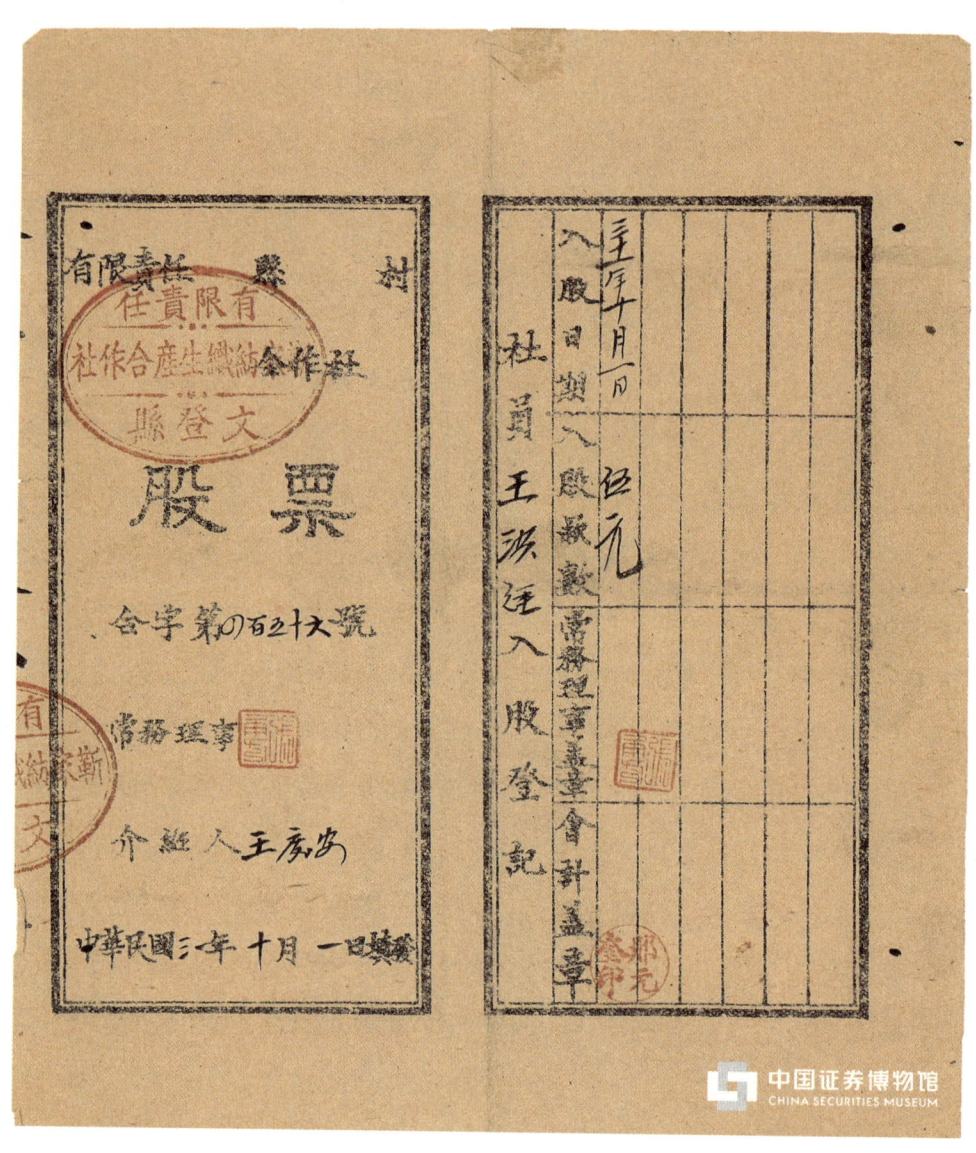

图2 文登县二章村合作社民国三十一年（1942年）发行的股票（中国证券博物馆馆藏）

产合作社股票、刨烟生产合作社股票、铁业生产合作社股票、列宁书局（印刷业）股票、苦力运输合作社股票、耕牛合作社股票、染布合作社股票、石灰生产合作社股票、砖瓦生产合作社股票、织布生产合作社股票、硝盐生产合作社股票以及煤炭、竹木、造船、雨伞、缝纫等合作社共计二三十种生产合作社股票。

粮食合作社（或粮食调剂局）发行了大量的股票，如汀州市调剂粮食合作社股票。⑩苏区各级消费合作社也发行过一定数量的股票、入股证。1933年2月，苏维埃中央革命军事委员会成立了中国工农红军消费合作总社，红军中的消费分社以军部为单位，发动红军入股（每股一元或二元）。⑪12月5日，由劳动群众集股创办的中央苏区消费合作总社（也称联合消费合作总社）正式宣告成立。联合消费合作总社第二期股票正面有马克思和列宁的肖像，有编码，有管委会印章，有负责人签字。背面印有合作社条例，石印双面印刷。⑫闽西革命根据地则发行了较多的信用合作社股票，例如前文提到的永定县第一区信用合作社股票等。抗战时期，陕甘宁、晋察冀、晋冀鲁豫等边区发行了大量的合作社股票。解放战争时期，解放区仍以合作社股票为主。例如，太行区的阳邑裕丰信用合作银号和邯郸市商联会组织成立的联商银号都发行了股票。

三是企业股票。苏区政府还鼓励利用私人资本和合作社资本成立进行商业活动的股份制企业，因而发行了一定数量的企业股票。当时，苏区有两类商业公司实行了股份制：一类是产销结合工商统一的公司，如1933年12月江西省苏维埃政府设立的博生纸业股份有限公司、兴国樟脑股份有限公司；另一类是以采购业务为主的商业公司，如1934年1月临时中央政府开设的中华商业股份有限公司。这些股份公司在吸收大批社会资金以后，增强了发展后劲。⑬尽管苏区兴办的这类企业为数不多，但是，它利用股份的形式吸收社会资金发展公有经济，这种早期的尝试有着非常积极的意义。解放战争时期，以股份制形式创办的哈尔滨企业公司得到市政府和东北财委李富春同志的肯定。公私双方共认25000股，资金总额为东北流通券35亿元。其中，政府认22000股。⑭

（三）股票管理极具特殊性

革命根据地对于发行股票采取了极为特殊的管理办法，主要表现在以下几个方面：

第一，积极动员根据地群众去购买股票，甚至采用竞赛等办法劝购。1932年1月，湘赣省安福县委要求各级党组织应鼓励党员个人、群众团体、群众个人把自己的金银和银元送到银行去入股。在广泛的宣传鼓动下，工农银行集股工作取得了一定的成绩，永新集有2000股上下，茶陵也有800多股。到7月，收到群众的集股款2万元上下。⑮1933年11月底，在湘鄂赣全省积极分子大会上，各县区提出了发展社员和扩大股金的竞赛目标：浏阳发展社员1000人，扩大股金600元；平江发展社员1500人，扩大股金600元；平浏长发展社员300人，扩大股金200元。⑯12月10日，湘赣省制定了各级苏维埃政府第一次合作社扩股竞赛条约。竞赛时间从1933年12月20日起，至1934年2月30日止，为期70天，到期由省苏召集总结评判会议。完成各项目标的由省苏发奖。⑰

第二，对个人持股数进行了严格限制。1932年10月，中华苏维埃临时中央政府颁布的《关于合作社暂行组织条例的决议》就明确规定："每个社员其入股之数目不能超过十股，每股金额不能超过五元，以防止少数人之操纵。"⑱1934年4月，古田乡《消费合作社简章》同样要求，社员入股数目限于10股以下，以防少数人操纵合作社。⑲1949年1月，东北行政委员会拟定《东北解放区合作社组织暂行条例（草案）》，其中规定：每个社员至少须认购一个社股，至多不能

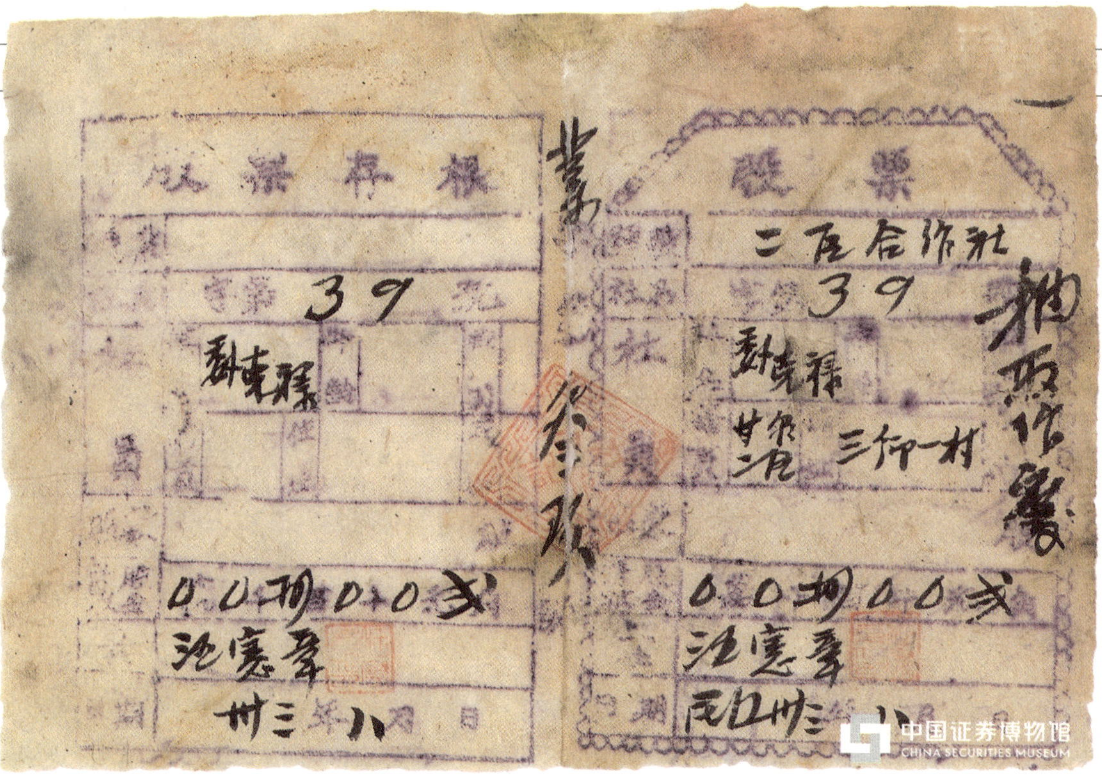

图3 甘泉二区合作社民国三十三年（1944年）发行的股票（中国证券博物馆馆藏）

超过全社股金总额的20%。社员无论入股多少，在选举或表决问题时，均有一票表决权。⑳

第三，股金可以分期缴纳，且不限于现金。在特定历史条件下产生的股票，缴纳股金非常灵活，股金不仅可以分期缴纳，而且大多数都可以用实物或其他有价票证折抵认股。古田乡《消费合作社简章》指出，社员入股时不能马上完全缴纳股金的，可分为两期缴纳，一期为4个月。股金不限于现金，米谷杂粮、公债票也可以。㉑《关于倡办粮食合作社问题》的布告中提出，股金可用钱缴也可用谷缴（扣成钱数）。㉒据老干部回忆："银行招过股，没有钱，可以出谷子，当时谷子很多吃不完，群众便一担二担三担挑谷子来折成钱认股。群众认股出钱，建立群众自己的银行。""1933年银行招股我知道，50斤谷一股，那时我家有二亩半地，我认了5股。"㉓然而，由于银行需要现金增加流动性，因而银行的股金则要求必须是现金。例如，《中华苏维埃共和国湘赣省工农银行简章》就规定股金不得以货物抵折。抗战时期，陕甘宁边区还创造性地采用借款入股、存款入股、公粮入股、消费入股等方式扩充股金。例如，截至1944年

2月，陕甘宁边区沟门信用合作社股金由1943年3月前的100080元增加为3614087元，增加了36倍，就是通过上述方式实现的。[24]

第四，当时还有一个极为特殊的规定，即可以退股。1931年12月，《中华苏维埃共和国湘赣省工农银行简章》提出：股员入股在一年以上的，如有特殊事故必须退股时，准其退股，但须在两个星期以前报告本银行。股员退股非在每满一年的结算时，只按月算股本息金，不给盈余金。[25]1933年春成立的联合消费合作社提出，入股、退股自由，每股为苏维埃币五元，发给票面金额为5元的股票一张，如欲退股，持此股票退还苏维埃币5元。[26]山东胶东解放区于1944年4月发行的荣城县俚岛合作社股票和1946年的荣成县群利合作社股票也均规定可以退股。

此外，鉴于当时特定的历史环境，根据地发行的股票没有完成它特定的交易性功能，只是一种重要的融资手段，大部分股票都是限制买卖和转让的，但不排除根据地的群众之间私下进行股票交易的可能。

（四）高度重视股票发行规章和政策的制定

为了规范和约束股票的发行，革命根据地极为重视相关规章和政策的制定。根据地的股份制银行在其银行章程中都有关于股票发行的专门规定或者是专门的集股章程。例如，前文提到的《中华苏维埃共和国湘赣省工农银行简章》《北海银行清河分行集股简章及组织草案》和《瑞华银行招股简章》等。

对于合作社股票的发行，则制定了统一的条例或章程。1932年10月12日，中华苏维埃临时中央政府颁布《关于合作社暂行组织条例的决议》，其中主要规定：消费、生产、信用合作社之社员不仅兼股东，并且是该社的直接消费者、生产者、借贷者，对于社员除享受红利外还应享有抵借低利之特别权利；凡工农劳动群众所组织之合作社，须先将章程、股本、社员人数、营业项（目），向当地苏维埃政府报告，经审查登记后，领取合作社证书，才能开始营业。[27]合作社经济是革命根据地的一种集体制经济形式，条例明确提出采用民众集股合作经营的股份制形式，对于苏区的经济社会发展起了重要作用。

此后，根据《关于合作社暂行组织条例的决议》，中华苏维埃临时中央政府相继颁布了各种专门的合作社章程。1933年3月19日，中华苏维埃临时中央政府财政部制定了《消费合作社简章》，规定消费合作社的"资本由群众投资集股或由群众有组织有计划地向工农银行借贷若干为基本开办之。合作社为便于工农贫民投资入股起见，每股以大洋五角为标准"。[28]9月10日，中华苏维埃临时中央政府颁布《消费合作社标准章程》，明确规定采用股份制的形式，其中规定：股金定每股大洋一元，以家为单位，其一家领入数股者听便；凡交足股金之社员，均有选举权、被选举权、表决权，但每一社员（代表一家）不论入股多少，均以一权为限；凡交足股金之社员，由该社发给股票及购买证；该社股票及购买证概用记名式盖以本社图记，由管理委员会主任及副主任签名盖章。股票及购买证如有遗失情事，应先报知管理委员会挂失，一面登报声明作废后再向本社请求补发新股票；购买证只限该社员一家使用，不得借给非社员，并不得将证代非社员从该社购物，如发觉上项情事，应给该社员以停止分红一期之处分。㉙9月10日颁布的《生产合作社标准章程》规定：股金定每股大洋壹元。以劳动力为单位，其一个参加生产的劳动力愿入数股者听便。凡缴足股金参加生产之社员，均有选举权、被选举权、表决权，但每一社员不论入股多少均以一权为限。凡缴足股金之社员，由该社发给股票。股票概用记名式，盖以图记由管理委员会主任签名盖章。股票如有遗失情事，应先报告管理委员会挂失号，一面登报声明作废后，再向该社请求补发新股票。㉚因此，苏区政府对消费、生产等合作社股票的每股股金、持股数额、持股人的权利和义务以及股票的形式等都做了详尽的规定。

1939年，中共中央财政经济部制定《各抗日根据地合作社暂行条例示范（草案）》，其中对股票的发行规定如下：（1）凡本地区之居民除汉奸卖国贼外，不分阶级、职业、性别、信仰，均可入股为合作社社员，并得享有同样之权利与义务。（2）社员要求退社时得由理事会决定之，而股金等退回须在会计年度终了结算后发给之。（3）在同一边区内社股金额须一律1元，少则认购1股至多不得超过股金总额的20%，但选举、表决等限每人一权，不得按股份多少计算。（4）社员之股金须一次交清，并由合作社立即发给股票，但有随时继续入股权。（5）社员认购社股除现金外可以粮食或土产等折价代付股款。（6）合作社股票为有价证券，得为债务之抵押品。红利50%，按股分配之。各级联社股额每股一律规定至少国币10元，社员社加入联社时少则认购一股多则不限。㉛1944年7月，陕甘宁边区合作社联席会议议决，入社自由，出社自由，入股自由，退股自由；按期算账，按期公布，按期分红，按股分红；社员一律平等，不论股金大小，都有选举权，表决权。㉜

1949年7月，陕甘宁边区政府农业厅合作局颁行《陕甘宁边区合作社暂行办法（草案）》，规定：社员得于每期业务结算终了时，自愿退社。但应于一个月前向理事会声明。出社社员得退还社股金。社股每股之金额，依社员一般之负担能力由各社自行规定。在同一社内，必须一律。劳动群众如无资力时，得以劳力或实物折交之。社员认购社股时，每人至少一股。至多不得超过股金总额的20%。社员非经合作社之同意，不得让与所有之社股，或以之担保债务。社股年息，不得超过10%。㉝

由此可见，革命根据地始终重视银行或合作社股票发行规章的制定，其中尤为重视涉及广大工农群众切身利益的合作社股票规章，不同时期均有出台专门的法规，力图将股份制的合作社加以法制化和规范化。

（五）股票发行虽有一定的群众基础，但根据地军民对股票尚缺乏真正的认识

中共领导下的根据地相对比较落后，因而发行股票成为筹集创办合作社及银行资金的重要手段。革命根据地股票的发行也得到广大工农群众的大力支持，有着较好的群众基础。之所以得到群众的支持，除了积极进行宣传和动员之外，还在于当时的股票具有明显的债券特征。苏区发行的股票一般都有固定的红利，

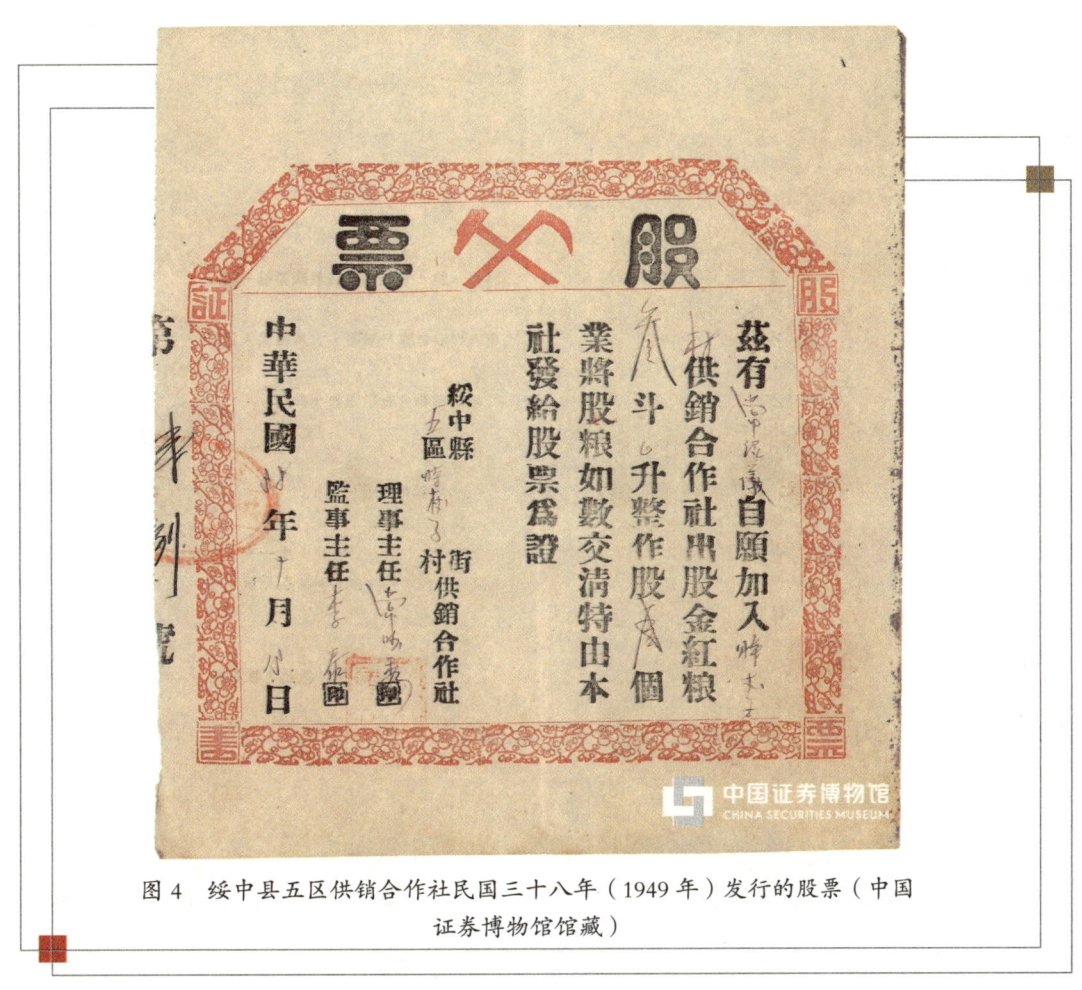

图 4　绥中县五区供销合作社民国三十八年（1949 年）发行的股票（中国证券博物馆馆藏）

可以申请退股，而且很多股票上都附有 10 年左右定期领取红利的小票。不论是银行还是合作社，股员都可以按章享受股本的息金，还可按照每年的盈利享受盈余金。在实际中，很多持股人获得了每股百分之百甚至更高的红利。有学者提出，红军股票有固定的利息并可分割红利，因此，这种股票只具有债券化股票和保息分红股票的特征，从严格意义上讲它非真正意义上的股票，而是保息分红两者兼得的安全性股票。[34]

事实上，根据地的军民购股票，并不是把股票作为一种投资工具，他们也并非真正懂股票，甚至在购买股票后，不要本利，将全部股票无偿捐献，真正体现了群众对党和根据地政府竭尽全力的支持。例如，在敌人五次"围剿"战争和红军猛烈扩大的阶段，革命群众自动退还银行股票，以充裕战费，夺取战争胜利。据 1934 年 3 月 20 日出版的《红色东北》报道：省政卫分局购买银行股票 392 张，及各县分局工作人员节省和自动购买银行股票 254 张。现在省分局一声动员下，已将购买银行股票的 646 元全部都不要本利归还苏维埃。[35] 此后，《红色东北》又报道："我地雷部部长张朝甫同志去年在兵工厂工作时从积极生产

中购买了四张银行股票,现在不要本利全部退还苏维埃政府。"㊱

抗战时期,党和边区政府也严令,如果群众不了解股票,绝不能向群众强迫摊派股金。例如,1944年9月,陕甘宁边区政府、中共中央西北局发出联合通知,要求禁止向群众摊派合作社股金。通知指出:据最近调查,各地仍时常发现在群众中摊派合作社股金情事,违反合作社入股要"自愿自觉"的原则,这样摊派成立的合作社一定不会办好,而且会引起群众不满,妨碍合作事业的发展,求快反缓,欲速不达。因此决定,如果群众尚不了解,不愿入股则必须等待群众了解,宁可发展慢一点,不可性急凑数摊派股金。如发现有摊派股金情事,立即查明将股金退还群众。㊲另外,对于放款和存款入股问题,陕甘宁边区很多群众不理解,提出质疑。例如,1945年4月,陕甘宁边区有群众来信问:"信用合作社为甚借钱还叫入股,借一万,只给使八千,还叫背一万元的利?"而且老百姓有一个实际的算法,如借用一万元,入股二千,实用八千,月底算账,本利还一万二千,若以实用数计,利为50%;若以一万元计,利为20%。入的股金,除了应分红利外,还要出利息,实际上,二千元的股金,一个月不曾分到二千元的利息的。《解放日报》发文对此进行了详细答复,确实存在群众来信中反映的问题。从1945年起,各地信用社已取消了存款入股的办法。㊳可见,当时的边区还有很多工农群众不了解股票这一信用工具,因而要避免出现强迫摊派入股的现象。

总而言之,中国共产党人在革命根据地不断探索红色股票的发行,充分发挥和利用了股票的重要作用,从而也证明股份制也并非资本主义的专利品。革命根据地股票发行上的宝贵经验,为新中国的合作事业和证券市场的发展不仅提供了重要的历史依据,也提供了理论和实践基础,在红色金融发展史上留下了浓重一笔。∎

■ **作者简介**:

万立明,同济大学马克思主义学院教授、博士生导师。

■ **注释**:

①李建军.唤起工农千百万:安源路矿工人运动纪念馆[M].北京:中国大百科全书出版社,1998.
②浏东平民银行章程摘录(1927年3月)[M]//中国人民银行湖南省分行金融研究所.湖南省老革命根据地金融史料汇编,1981.
③马鸣家等.信用形式及管理[M].成都:四川辞书出版社,1992.
④中国人民银行金融研究所.曹菊如文稿[M].北京:中国金融出版社,1983.
⑤洪荣昌.红色收藏:中华苏维埃共和国革命文物探寻[M].北京:解放军出版社,2014.
⑥闽浙赣省的经济建设——闽浙赣省代表在下洲区欢迎会上演讲[N].红色中华,1934-01-19.

⑦《中国革命根据地北海银行史料》编委会.中国革命根据地北海银行史料(第一册)[M].济南:山东人民出版社,1986.
⑧米鸿才,李显刚.中国农村合作制史[M].北京:中国农业科技出版社,1997.
⑨中国人民银行河北省分行.冀南银行(全二册)[M].石家庄:河北人民出版社,1989.
⑩洪荣昌.红色收藏:中华苏维埃共和国革命文物探寻[M].北京:解放军出版社,2014.
⑪王金山.中华苏维埃共和国消费合作社社史料选编[M].江西省供销合作社,2001.
⑫洪荣昌.红色票证:中华苏维埃共和国票证文物收藏集锦[M].北京:解放军出版社,2009.
⑬苏俊才.红土溯源[M].北京:北京广播学院出版社,1999.
⑭中共哈尔滨市委统战部,中共哈尔滨市委党史研究室.哈尔滨资本主义工商业的社会主义改造[M].哈尔滨:黑龙江人民出版社,1990.
⑮姜宏业.中国地方银行史[M].长沙:湖南出版社,1991.
⑯湖南省地方志编纂委员会.湖南省志第十三卷贸易志·供销合作社[M].北京:中国文史出版社,1991.
⑰杨德寿.中国供销合作社史料选编(第二辑)[M].北京:中国财政经济出版社,1990.
⑱中华苏维埃临时中央政府关于合作社暂行组织条例的决议(1932年4月12日).中央革命根据地史料选编(下)[M].南昌:江西人民出版社,1982.
⑲洪荣昌.红色票证:中华苏维埃共和国票证文物收藏集锦[M].北京:解放军出版社,2009.
⑳杨德寿.中国供销合作社史料选编(第二辑)[M].北京:中国财政经济出版社,1990.
㉑洪荣昌.红色票证:中华苏维埃共和国票证文物收藏集锦[M].北京:解放军出版社,2009.
㉒关于倡办粮食合作社问题(1933年7月4日).中央革命根据地历史资料文库·政权系统(7)[M].南昌:江西人民出版社,2013.
㉓中国人民银行江西省分行金融研究所.土地革命时期闽浙赣革命根据地金融史资料摘编(修改稿)[M].中国人民银行江西省分行金融研究所,1981.
㉔陕甘宁边区财政经济史编写组,陕西省档案馆.抗日战争时期陕甘宁边区财政经济史料摘编(第五编)[M].武汉:长江文艺出版社,2016.
㉕《湘赣革命根据地》党史资料征集协作小组.湘赣革命根据地(上)[M].北京:中共党史资料出版社,1990.
㉖政协天津市委员会,文史资料研究委员会.天津文史资料选辑(1999年第1辑 总第81辑)[M].天津:天津人民出版社,1999.
㉗江西省档案馆,中共江西省委党校党史教研室.中央革命根据地史料选编(下)[M].南昌:江西人民出版社,1982.
㉘中共江西省委党史研究室等.中央革命根据地历史资料文库·政权系统(7)[M].南昌:江西人民出版社,2013.
㉙中国社会科学院经济研究所中国现代经济史组.革命根据地经济史料选编上[M].南昌:江西人民出版社,1986.
㉚湖南省总工会,湖南省社科院历史所,湖南省档案馆.湖南工运史料选编(第3册),1985.
㉛陕甘宁边区财政经济史编写组,陕西省档案馆编.抗日战争时期陕甘宁边区财政经济史料摘编(第七编).互助合作[M].武汉:长江文艺出版社,2016.
㉜陕甘宁边区财政经济史编写组,陕西省档案馆.抗日战争时期陕甘宁边区财政经济史料摘编(第五编).金融[M].武汉:长江文艺出版社,2016.
㉝杨德寿.中国供销合作社史料选编(第二辑)[M].北京:中国财政经济出版社,1990.
㉞左玮.左进亮红色收藏[M].北京:中国国际文化出版社,2009.
㉟左玮.左进亮红色收藏[M].北京:中国国际文化出版社,2009.
㊱省政卫局政卫队,热烈推销银行股票(1933年9月18日).土地革命时期闽浙赣革命根据地金融史资料摘编(修改稿).中国人民银行江西省分行金融研究所,1981.
㊲陕西省档案馆,陕西省社会科学院.陕甘宁边区政府文件选编(第八辑)[M].北京:档案出版社,1988.
㊳魏协武等.陕甘宁边区金融报道史料选[M].西安:陕西人民出版社,1992.

多元和包容：对行业博物馆建设与发展的探索
——以中国证券博物馆为例

金 星

"致力于平等的博物馆：多元和包容"（Museums for Equality: Diversity and Inclusion）是2020年"5·18国际博物馆日"的主题。其实"多元"和"包容"对博物馆而言十分亲切，2008年段勇先生撰文《多元文化：博物馆的起点与归宿》[1]，2014年单霁翔先生撰文《构建多元、开放、包容的博物馆体系》[2]，2019年魏峻先生的文章《中国博物馆的发展新导向》[3]中再次提及开放包容的博物馆是我国博物馆未来发展

方向。

在2018年12月25日召开的全国博物馆工作座谈会上,在雒树刚部长讲话中提出推动博物馆事业开创新局面的四方面意见,刘玉珠局长提出的下一阶段推动博物馆改革发展总体思路的四点要求,关强副局长部署的着力推进改革发展的四项重点任务中,都能看到"多元"和"包容"的身影。可见,多年来"多元"和"包容"始终伴随着我国博物馆事业的发展。

2020年国际博物馆日主题再次强调"多元"和"包容",让我们再次思考博物馆的建设与发展,进一步认识到"多元"和"包容"也是我们值得积极探索的行业博物馆建设和发展的途径之一。

下面结合中国证券博物馆的工作实际,从探索多元和包容的行业博物馆基本职能、社会责任、治理结构三个方面做一简述。

探索多元和包容的行业博物馆基本职能

收藏、研究、展示、教育是博物馆的基本职能,也是博物馆的业务核心,做好这些工作是博物馆建设和发展的基础。

行业博物馆的收藏,以及相应的藏品保护和利用,主要集中在本行业发展的历史见证物。行业博物馆的藏品种类相对单一,珍贵文物不多,大多也不专门配备专业的文物修复人员。行业博物馆的研究主要聚焦于本行业的历史发展脉络及行业所属的物品特性,少

有以"博物馆"为中心的研究成果。行业博物馆的展示,大多以本行业的历程和成就为主,内容的吸引力和展品的观赏性往往较普通。行业博物馆的教育也较多集中在本行业或本专业,能科学普及或推广到社会公众中的不多。

针对行业博物馆基本职能与现状,我们探索从多元和包容的角度寻求突破。

在收藏上,立足本行业藏品,深挖本行业潜力,形成鲜明的馆藏特色,同时开拓相关或相近领域的藏品。中国证券博物馆的藏品涵盖"三个为主、三个兼及"。在种类上以股票、期货、债券、基金、股权等市场相关藏品为主,兼及银行、保险等行业相关藏品;在时间上以改革开放以来证券期货业发展的当代藏品为主,兼及古代、近现代证券期货历史渊源;在空间上以中国证券期货市场历史文化成果为主,兼及全球证券期货市场历史文化成果。在藏品队伍的配备上,保管、利用、修复三类岗位按需分配,"保管"由馆聘专职人员负责,"利用"依靠专兼职队伍形成的合力,"修复"主要借助外力。

在研究上,立足本行业的藏品和历史,借力本行业的研究优势,开展包括以"藏品"为中心、以"展览"为中心、以"博物馆"为中心的三大类研究。中国证券博物馆在做好中国资本市场的历史进程和藏品研究的同时,借助馆舍的丰富历史资源,主动开展有关的名人研究、建筑研究、电影研究,并从博物馆事业发展的需求出发,积极进行以"博物馆"为中心的研究。2019年12月22日,在中国证券博物馆召开"中国行

业博物馆建设与发展"研讨会便是一次尝试。在研究队伍的配备上，以熟悉经济史或金融史的研究人员为主，辅以文博专业研究人员，在各个专题研究上则以委托课题方式为主。

在展示上，立足于本行业的历史和成就，综合空间分布、地理位置等因素，利用智慧化的技术手段，让文物会说话，让展览活起来。中国证券博物馆的展览空间因其是一家历史悠久的老饭店而先天不足，少有大空间，多的只是小客房。让不足变成特色是我们展示的努力方向。在一楼孔雀厅不到400平方米的空间中，完整展现改革开放以来中国资本市场发展历程的同时，还原了20世纪90年代的股票交易大厅，更嵌入了若干互动体验项目。在二楼礼查厅约600平方米的空间中，展示世界各国交易所文化的同时，更作为一个活动共享的空间，经常举办各类文化活动。2019年制作的周恩来专题展和致谢2019捐赠藏品和口述历史展览都是利用原有的客房来陈列的。下一步，将利用外延空间和智慧化技术手段，通过让展览走出去、请进来，弥补馆舍改造前的空间问题。

在教育上，立足本行业的知识普及，在服务本行业的同时，发挥针对更多不同受众群体的教育职能。中国证券博物馆的定位是三个中心：证券期货藏品收

图1 中国证券博物馆"上海国际金融中心建设展"

藏展示中心、证券期货文化国际交流中心、证券期货知识教育研究中心。证券期货知识是教育的主要内容，投资者是教育的主要对象，但教育更多不同受众群体、服务更多社会公众是我们的目标。在专业领域，将开发适合青少年的体验项目和课程，并主动对接小学的启蒙课程、中学的财商课程、大学的专业课程。此外，继续挖掘各种特色资源，通过名人和电影的特色资源做好不忘初心的主题教育和红色教育，通过建筑和名企的特色资源做好城市文化和城市精神的教育。

今后，中国证券博物馆在收藏、研究、展示、教育等博物馆的基本职能方面，将继续深挖行业特色，破壁引流，将行业博物馆的专业化创造性转化为更多群众喜爱的文化精品，为行业博物馆的高质量发展探索新路。

探索多元和包容的行业博物馆社会责任

在2018年12月召开的全国博物馆工作座谈会上,针对博物馆事业的发展,雒树刚部长要求"坚持以人民为中心的工作导向,不断满足人民群众对美好生活的新期待",刘玉珠局长要求"聚焦新时代,努力满足人民美好生活的新期待",关强副局长部署"主动融入大局、突出重点和特色、有担当作为精神、做好交流借鉴"四项重点任务,这些都要求博物馆作为一个为社会发展服务的机构,有更多的社会责任担当。

2010年11月,国际博物馆协会《上海宣言》提示了博物馆在跨文化交流中,推动公众积极认同彼此差异的重要性;强调博物馆是"促进社会和谐发展的原动力"。所有的个人和群体都可以自由地、积极地参与到博物馆中来,维护人类留给后世独特、不可替代的遗产,强调博物馆在多元文化交流中的重要角色。

行业博物馆的初心是收藏、展示和传承本行业的文化,行业博物馆的使命是服务本行业的发展。正是行业博物馆所承担的行业责任,往往会让社会公众感到有一道无形的门槛,认为行业博物馆小众、高冷甚至无趣。

针对行业博物馆社会责任的特点,我们探索从多元和包容的角度寻求突破。首先通过了解社会需要怎样的博物馆,观众喜欢怎样的博物馆,认识到哪些是必须做的,哪些是应当做到的,而哪些是可以做到的,来探索中国证券博物馆应该担当的社会责任。

中国证券博物馆积极尝试立足资本市场,服务金融和城市发展,满足社会多方面文化需求,惠及更多公众的责任理念。在立足资本市场方面,不仅服务证监会系统,还服务上市公司、券商、中介机构等资本市场的各类参与者,更服务广大的投资者。在服务金融和城市发展方面,主动对接上海国际金融中心建设,开启城市文化会客厅。在满足社会多方面文化需求方面,利用馆舍的丰富历史积淀,逐步满足社会对名人文化、建筑文化、电影文化、企业文化的需求。在惠及更多公众方面,在现有安全制度和馆舍承载允许的前提下,进一步满足公众的参观和活动需求,并逐步打造全媒体平台,突破为公众服务的空间和时间限制。

正如宋新潮和安来顺先生所说,"今天的博物馆必须成为所在地区社会发展和进步的动力,必须反映当前社会所关注的问题,至少做到应有的敏感,使自己成为呼吁为社会进步而采取行动的渠道,必须成为社区和社区群文化体系的有机组成部分,把博物馆的服务延伸到所有人群。"[④]2020年,新修订的《证券法》正式施行,又恰逢中国资本市场三十年,也是上海国际金融中心基本建成的重要时间节点。2020年更是全面建成小康社会和"十三五"规划收官之年,新年伊始又发生了新冠病毒疫情。中国证券博物馆在做好常规工作的同时,立即启动了《证券法》修订、脱贫攻坚、抗击疫情三类藏品专门征集,将"中国资本市场三十年""资本市场脱贫攻坚"作为今年的展览重点,围绕国家战略和行业中心工作开展各项工作,主动担当更多社会责任,输出相关展览和服务,让博物馆走出所在城市，走出所属行业系统。

今后，中国证券博物馆在行业博物馆社会责任方面，继续倡导普惠文化，推动文化惠民，在立足本行业的同时，更好地服务社会，把社会效益放在首位，以作为赢地位。

探索多元和包容的行业博物馆治理结构

治理结构，是指为实现资源配置的有效性，对单位运营管理、绩效等进行监督、激励、控制和协调的一整套制度安排，它反映了决定单位发展方向和业绩的各参与方之间的关系。治理结构是现代管理制度的核心内容之一，它的合理与否是影响单位绩效的重要因素之一。

2013年11月，党的十八届三中全会明确提出："推动公共图书馆、博物馆、文化馆、科技馆等组建理事会，吸纳有关方面代表、专业人士、各界群众参与管理。"2015年，国务院颁布的《博物馆条例》第十七条要求"博物馆应该完善法人治理结构"，而完善法人治理结构其中非常重要的一个方面就是博物馆要通过吸纳各方面的代表，包括专业人士、社会各界力量来组建理事会或者董事会，形成博物馆的管理与决策机构，为博物馆的长远、持续发展提供保障。

博物馆治理结构的改革已探索多年，但进展不明显。尤其是行业博物馆大多由各级行业主管部门或行

图2　中国证券博物馆"周恩来在上海——红色足迹专题展"

业公司建立，隶属于某行业主管部门或行业公司。国家级的行业博物馆多数直接隶属于某部委或某总公司，受现有人事、财政制度的限制，改革存在一定的难度。

中国证券博物馆由于是一家新生的国家级行业博物馆，在治理结构上，从筹建伊始就得到了中国证监会的支持和国家文物局的指导，建立了以理事会为核心的现代博物馆法人治理体系。理事会是博物馆的决策监督机构，依照法律法规、国家有关政策和博物馆的章程开展工作，理事会向中国证监会报告工作。理事会现有理事24名，除理事长、秘书长、馆长外，另由证监会系统内有关司局、交易所、公司，以及上市公司代表、证券公司代表、期货公司代表、基金公司代表、金融科技企业代表等组成，广泛吸纳了资本市场的参与者。理事会的基本职责有13项，主要包括：审议本馆中长期发展规划，审议批准本馆目标和实现途径，监督本馆计划的执行；通过审查、批准、监督

预算和财务报告，决策本馆预算支出和募集资金，保证本馆的资金稳定；选举产生理事长、副理事长、秘书长，选聘和解聘馆长、副馆长，评估管理层工作；等等。

《中国证券博物馆章程》中明确，"管理层是理事会的执行机构，向理事会负责，由馆长、党支部负责人、副馆长组成，实行馆长负责制。"

为使博物馆能专业化地运作运营，并探索人员编制、绩效激励等方面的新路，上交所还专门成立了上海中证博物馆运营有限公司，目前设有展陈策展、研究资料、藏品库房、开放服务、综合运行五个组全面负责博物馆的业务工作。博物馆具体运营工作除了上海中证博物馆运营有限公司外，还有上海证券交易所博物馆保障部，其主要负责博物馆保障协调工作，目前设有理事会和基金会支持服务、博物馆业务运营保障服务、场馆支持保障服务三个组。

《博物馆条例》第五条规定："国家鼓励设立公益性基金为博物馆提供经费，鼓励博物馆多渠道筹措资金促进自身发展。"《中国证券博物馆章程》中明确其经费来源为非财政补助。为确保资金来源，中国证券博物馆依托行业重要单位，多方筹措资金，保障博物馆的运行经费。

理事会决策监督、行业重要单位提供保障、公司负责专业化运营，是中国证券博物馆正在探索的治理结构。

今后，中国证券博物馆在行业博物馆治理结构方面，将继续积极探索有利于激发文化创新创造活力的管理体制和运营机制，以改革促发展。

以上是中国证券博物馆在行业博物馆基本职能、社会责任、治理结构上的初步尝试和思考，尚不成熟。以上也只是单一博物馆在方法、途径上对多元和包容的初步实践，各行业博物馆之间，以及行业博物馆与文化文物部门主导的博物馆之间加强沟通交流，共享博物馆之间的展览、服务、空间，甚至藏品和成果等各类资源，必将是更有成效的多元和包容。

多元和包容，是2020年国际博物馆日的主题，也是博物馆永续发展的主题，更是我们对行业博物馆建设和发展的重要探索路径。■

（图片拍摄：周舶、张冠琼）

■ **作者简介：**
金星，中国证券博物馆副馆长。

■ **注释：**
① 段勇. 多元文化：博物馆的起点与归宿[J]. 中国博物馆，2008（3）:5-8.
② 单霁翔. 构建多元、开放、包容的博物馆体系[J]. 中国博物馆，2014（2）:35-42.
③ 魏峻. 中国博物馆的发展新导向[J]. 东南文化，2019（2）:107-111.
④ 宋新潮，安来顺. 变革世界中的博物馆：新挑战 新启示——关于2012年国际博物馆日主题的讨论[J]. 中国博物馆，2012（2）:2-8.

曾经《良友》遍天下

从老股票看历史

高芳芳

壹

"《良友》画报第四任主编马国亮在其回忆录《良友忆旧——一家画报与一个时代》中是这样开场的:

1936年11月,美国的《生活》杂志创刊。这本杂志吹嘘说:"1936年以前……从来没有过一本大型的、以图片为主的、大众化而又便宜的刊物。"

《生活》的出版人若不是坐井观天,便是缺乏调查研究。事实上,早在他们自以为是大型综合性画报的创始者的前十年,即1926年,在太平洋的彼岸,已经有一本这样性质的大型画报出现。这个画报诞生在中国上海,其名为《良友》。

1926年2月15日，上海奥迪安电影院门口，来往行人从报童手中接过一份从未见过的刊物，封面上手持鲜花、笑靥迎人的美女，便是后来红极一时的电影明星胡蝶。这本被誉为中国新闻史上办得最成功的、影响最大的、声誉最隆的画报，最初就是这样和读者见面的。

《良友》第一期

《良友》画报创刊号，九开本，道林纸铜版印刷，封面为"胡蝶恋花图"。第一期虽难免粗糙，但内容丰富，形式大胆新颖，令人耳目一新，仅凭零售便销7000份，可谓一炮走红。封面上的刊名"良友"二字为画报创始人伍联德先生的手笔。

图1 《良友》封面

伍联德，广东台山县人。父亲伍礼芬，早年去美国当洗衣工人，后来开了一家洗衣店。伍联德从小由其伯父带大。其在岭南大学读预科时，因爱好美术，和同学陈炳洪合译了着重介绍西洋绘画理论的《新绘学》，卖给了上海商务印书馆，从此对出版事业产生了极大的兴趣。

毕业后，经岭南大学校长钟荣光介绍，伍联德进入当时上海最具规模的出版机构商务印书馆工作。三年后，他怀着满腔热情辞职创业，与他人合创四开单张儿童刊物《少年良友》，但未获成功。

出师不利，让伍联德认识到，要做出版工作，必须要有自己的印刷所。所幸，他得到上海先施公司董事欧彬夫人谭惠然女士的赏识，谭女士将其丈夫生前位于北四川路鸿庆坊内的一个小印刷厂廉价盘给了伍联德。同时，在广州同学李伟才之父李自重（香港广东银行总经理）的介绍下，他从广东银行上海分行获得贷款。李伟才与其父李自重、大名鼎鼎的祖父李煜堂，后来都成为良友的股东。

1925年7月，良友印刷所挂牌成立，伍联德从广东请来了自己的同学余汉生帮助经营。虽然印刷所经营得有声有色，然而鸿鹄之志，当意不在此。7个月后，由伍联德亲自集稿编写、监督印刷的《良友》画报问世了。为了纪念曾经失败的《少年良友》，他将画报的英文名取名"THE YOUNG COMPANION"。这一年，伍联德26岁。

《良友》画报一炮而红，并没有让伍联德自满于此。在亲自主编了第一期至第四期后，他便邀请周瘦鹃担任画报主编，自己则腾出手来，一方面开始着手其他的刊物出版计划，另一方面则奔走筹集新的资金。

1926年11月，伍联德南下，前往广东、香港、新加坡、吉隆坡等地集资，并推广开设发行所；次年4月，又前往美国集资。曾合译过《新绘学》的同学陈炳洪此时正在美国学习新闻学，在伍联德的劝说下，陈炳洪带着父亲的资金回国，入股《良友》并参加《良友》的工作。

1927年7月15日，良友印刷公司改组为良友图书印刷有限公司，定资本总额20万元，分2000股，每股100元。

在提交的登记注册材料中，有一份《良友图书印刷有限公司股东名簿》，列示了最初的所有股东名单（个人股东共58位），实际招股597股，共集资金59700元，绝大部分资金来自广州、香港和美国。

其中，最大的股东是黄保民(100股)，他也是香港良友发行所的主持人。其余大股东有陈爵信及陈炳洪父子(50股)、李源(50股)等，李自重及李伟才父子虽然投资额并不大，但考虑到李自重的背景及其在良友成立过程中所起的作用，推选其为董事长。

伍联德和余汉生的个人股份各为10股，仅为小股东。在没有估值、没有天使投资/风险投资、没有非现金入股，也没有认缴制度的年代，创始人刚出场就沦为打工仔，这确是非常令人唏嘘的事实，以至于后

注：图为良友图书印刷有限公司民国十六年（1927年）发行的第一版股票。股票落款有董事长李自重、总经理伍联德、副经理兼会计余汉生的签名。股票印刷非常精美，"双鹅"商标由伍联德先生亲手绘制。

图2　上海良友图书印刷有限公司民国十六年发行的第一版股票

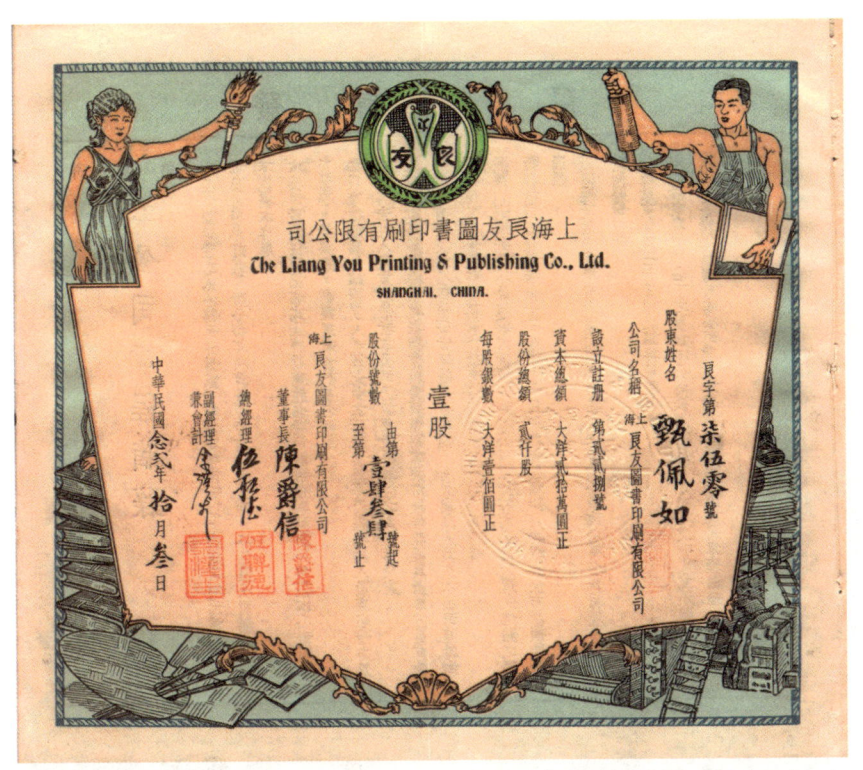

注：上海良友图书印刷有限公司民国二十二年（1933年）发行的股票，总股本不变，仍然是20万元，持续认购中，该股票为1股，股份号数为1434号，说明此时良友总股本已筹集至14.34万元。董事长此时已换成陈爵信。股票设计印刷同样精美。

图3　上海良友图书印刷有限公司民国二十二年发行的股票

来伍联德失去对良友的控制权，被迫出走。

不过每个时代有每个时代的价值观，因而也有每个时代的商业规则。

从1927年发行第一版股票到1933年发行第二版股票，整整6年时间，区区20万元的总股本，筹集不足3/4。事实上，从良友图书印刷有限公司1935年的年报来看，截至1935年底，总实缴股本也仅为14.63万元。

而这一段时期，却正是《良友》画报名声大噪、良友公司其他各类刊物百花齐放的黄金时期，为什么股票不受资本的青睐呢？其实这也正说明了资本的本质：逐利和风险厌恶。第一，出版业并不是一个暴利的行业；第二，良友完全是单打独斗的私营公司。

"《良友》，究竟是怎样一本画报？

它图文并茂，包罗万象；它印刷精美，编排精心；它时尚浪漫，真实美好；它开创了视觉性期刊的新时代。

漂亮的封面女郎一期期款款走来，带来的绝不是附庸风雅，也不是千篇一律，《良友》内容包罗万象，从时事、军事、政治到美术、摄影、文学、艺术，可谓是百科全书式大画报。

有人这样评价《良友》画报：学者专家不觉得浅薄，村夫妇孺不嫌其高深，老少咸宜，雅俗共赏。它在官方和民间、政治与文化、高雅与流行、文字与图片之间找到了巧妙的契合点。

这样的《良友》逐渐成为整个上海、中国乃至世界华人界最受欢迎和最具影响力的画报，全球发行量

a

b

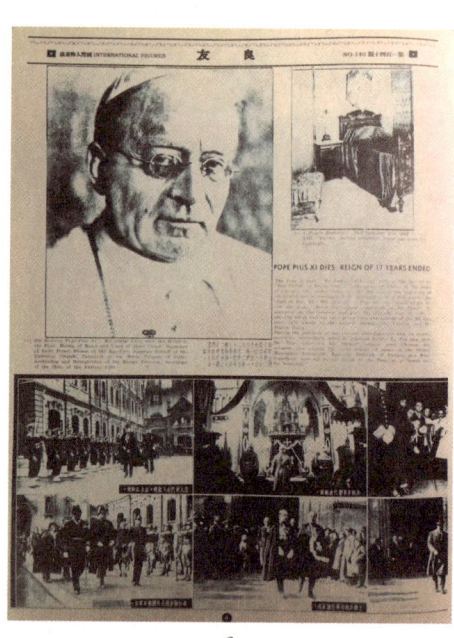
c

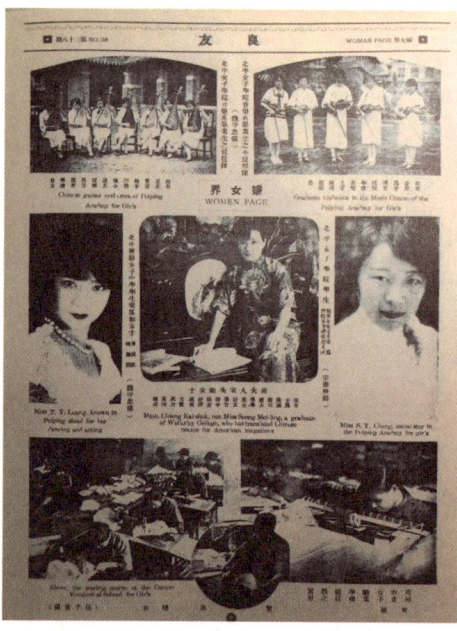
d

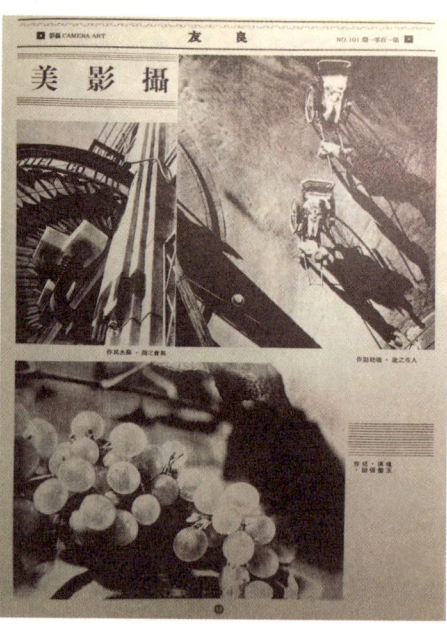
e

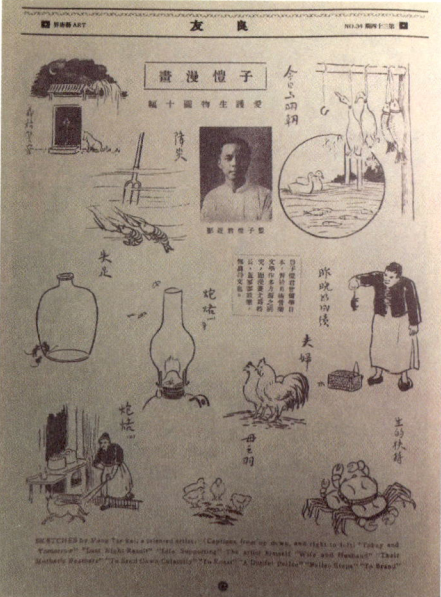
f

图4 《良友》内页

达4万余册，遍及近30个国家与地区，真正做到了良友读者遍天下。

一本杂志的伟大，取决于其内容，取决于其受众的喜爱程度，归根结底取决于它的灵魂人物——主编。

伍联德（1900—1972），《良友》创始人和总经理，主编《良友》画报1~4期（1926年2—5月），奠定了画报的形式、风格以及编辑宗旨。此后专注于良友出版物的拓展和延伸，如主持了《良友》画报的特刊《孙中山先生纪念特刊》《北伐画史》等，先后推出了其他专业期刊，如《艺术界》《现代妇女》《银星》《体育世界》等。

周瘦鹃（1895—1968），主编《良友》5~12期（1926年6月至1927年1月）。周瘦鹃为当时著名的"鸳鸯蝴蝶派"作家，对小说类文字类比较擅长，但对于伍联德要办的理想中的新型画报并不了解，也不擅长，后因事务繁忙退出良友。

梁得所（1905—1938），主编《良友》13~79期（1927年2月至1933年8月）。梁得所虽为籍籍无名之辈，却深得伍联德赏识，22岁便成为《良友》主编。他锐意进取，大胆革新，将画报从消遣无聊改变成增广见闻、启发心智、丰富常识、开拓生活视野的刊物，奠定了《良友》画报的江湖地位。1932年，梁得所率领良友摄影旅行团一行四人，历时7个半月，游历大半个中国，共拍摄照片1万余张，后由良友整理出版大型画册《中华景象》（1934年2月出版）。因不甘寄人篱下，梁得所于1933年8月脱离良友另创《大众画报》，但因资金短缺仅一年多即停业。梁得所于1938年因病抱憾离世。

马国亮（1908—2002），主编《良友》80~138期（1933年9月至1938年6月），其中，1934年7—12月，画报一度改为半月刊。1937年上海"八一三"事变后，《良友》停刊数月，后迁至香港继续出版。马国亮继承梁得所的编辑风格，大量引入文坛名家作品，公开对话政界人物，并紧跟时事，对抗日战事进行了宣传和报道，将《良友》画报推向了顶峰。不幸的是，因为阋墙之争，加上公司财务经营不当，《良友》不得不走上破产之路。

赵家璧（1908—1997），在大学期间就开始参与良友公司的出版工作，后任良友公司的出版部主任，主持出版了《中国新文学大系》等丛书，分别请鲁迅、胡适、郑振铎、茅盾、郁达夫、朱自清、洪深等名家担任编选，该丛书堪称中国文学史上一个里程碑。良友申请破产后，赵家璧和几位老良友人筹措资金，通过法律手续，接管了原良友公司的产业，重组"良友复兴图书印刷股份有限公司"，复刊了《良友》画报。

张沅恒（1908—1994），主编复刊后的《良友》画报139~171期（1939年2月至1941年9月）。孤岛时期《良友》画报的风格以宣传抗日为主，充溢着国破家亡的情绪。1941年12月，太平洋战争爆发，《良友》画报被日军以宣传抗日的罪名查封。赵家璧和张沅恒带着良友的招牌辗转桂林、重庆，终因条件缺乏而无法复刊。

张沅吉（1909—1986），直到1945年抗战胜利，张沅恒的弟弟张沅吉以《良友》名义衔接以前的期数，出版了《良友》第172期（1945年10月），便无后继。1946年，因股东内讧，良友复兴图书印刷股份有限公司宣告停业。

正是以上这几位刚刚毕业的20岁出头（周瘦鹃除外）的年轻人，没有傲人的家世背景，没有雄厚的资本，却用自己的才情和热血，谱写了《良友》20年的精彩和光华。

马国亮说他在《良友》工作了10年，有两件最为难过和痛心的事：一是梁得所的去职，二是内部分裂导致《良友》停刊。

1939年，当《良友》陷入经济困境破产时，赵家璧不甘心，他联合老良友人，为资金奔走，为法律手续奔走，复兴了《良友》，复刊了《良友》画报。

而当早先被股东排挤出局的创始人伍联德得知

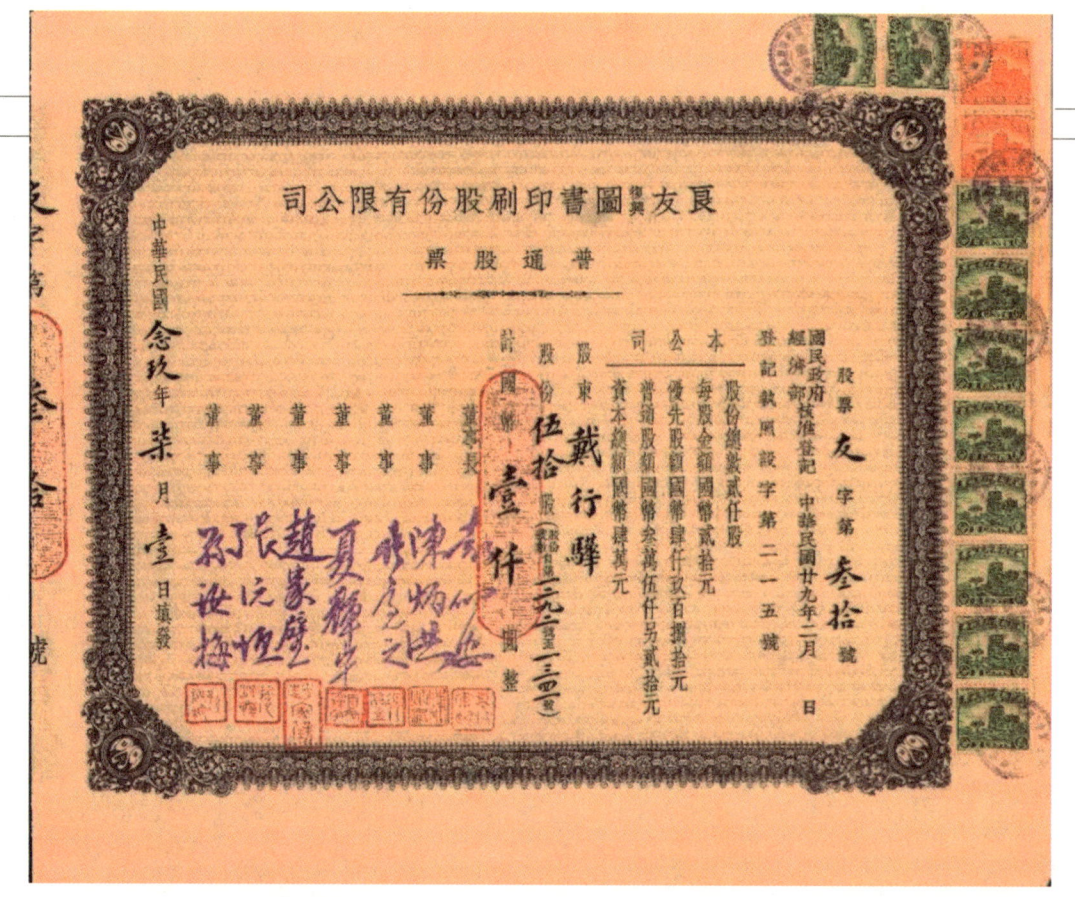

注：图为良友复兴图书印刷股份有限公司民国二十九年（1940年）发行的股票。该公司于1939年由赵家璧联合陈炳洪、张沅恒、孙汝梅等几位老良友人，并请到了当时上海大律师袁仰安投资入股，重新筹措资金重组成立，初始股本4万元，分2000股，每股20元，由袁仰安出任董事长。该股票于民国二十九年（1940年）核准登记后签发。有趣的是，股票分为优先股4980元和普通股45020元，这其中的缘由值得推敲。

图5　良友复兴图书印刷股份有限公司民国二十九年发行的股票

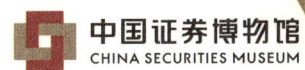

《良友》复兴的消息后，对赵家璧说：我自己已经无能为力了，《良友》的事业只要你们能继续把它办下去，就是好！

虽然外在时局动荡不安，内在股权纷争不断，但唯有他们对《良友》的这份纯粹的挚爱和坚守，才造就了中国画报史上的这份传奇。这大概就是对《良友》，对“young companion”的另一种最好的诠释吧。

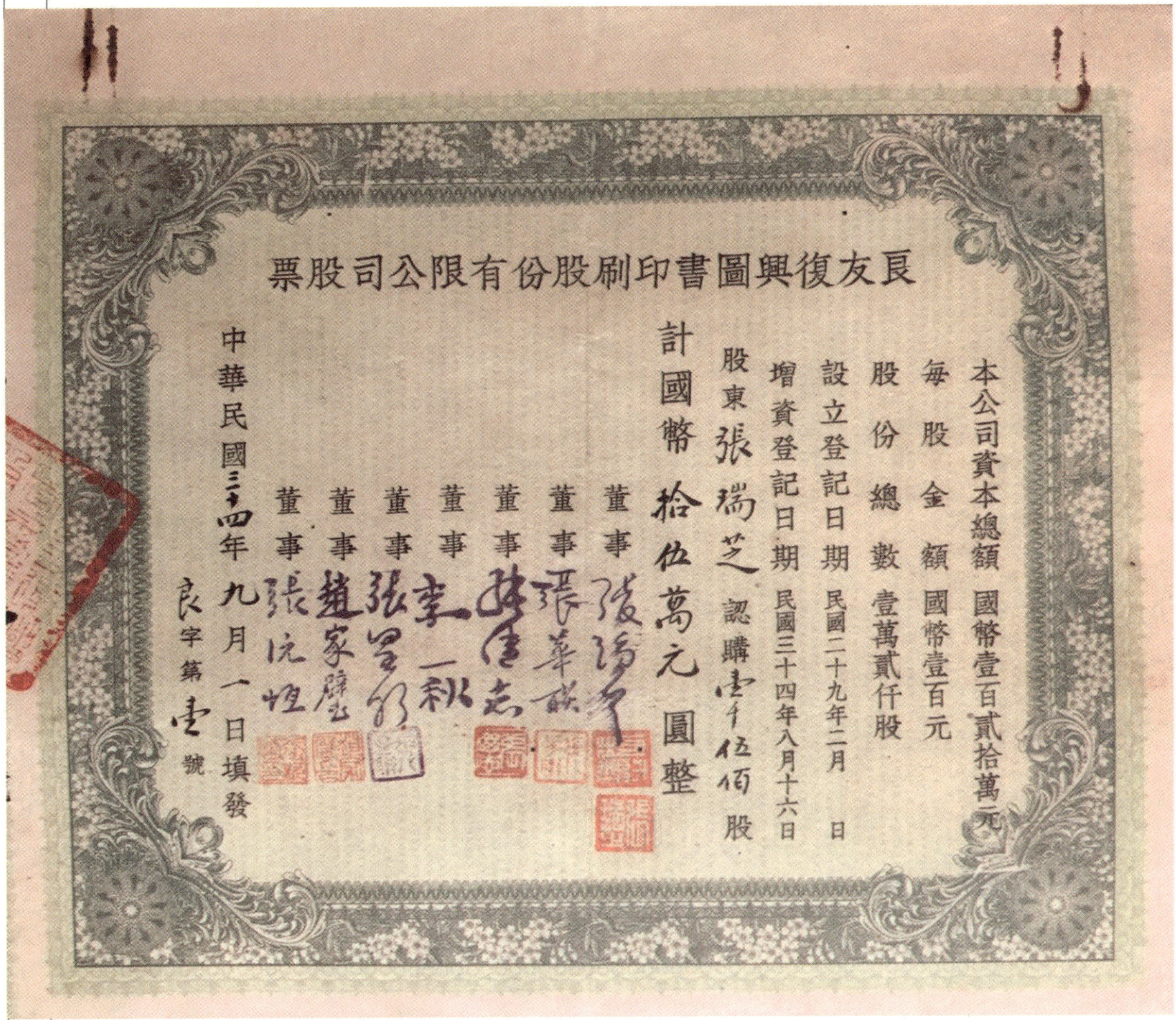
良友復興圖書印刷股份有限公司股票
本公司資本總額 國幣壹百貳拾萬元
每股金額 國幣壹百元
股份總數 壹萬貳仟股
設立登記日期 民國二十九年二月 日
增資登記日期 民國三十四年八月十六日
股東 張瑞芝 認購壹千伍佰股
計國幣拾伍萬元圓整
董事
董事
董事
董事
董事
董事
董事
中華民國三十四年九月一日填發
良字第壹號

注：图为良友复兴图书印刷股份有限公司民国三十四年（1945 年）发行的股票（第一号）。民国三十四年（1945 年），公司资本总额增至 120 万元，分 12000 股，每股 100 元。图为公司增资后所发行的股票。1946 年，公司因为再一次股东内讧而宣告停业，从良友复兴的两张股票上董事进行大批更换中可见一斑。

图 6　良友复兴图书印刷股份有限公司民国三十四年发行的股票

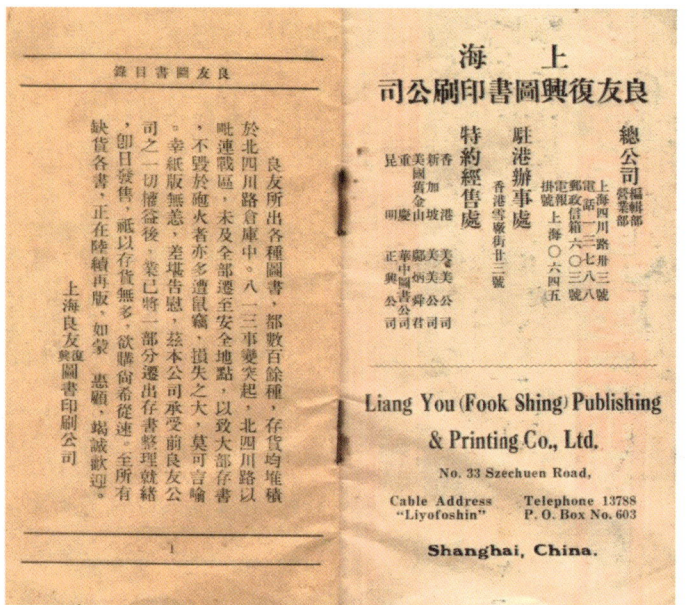
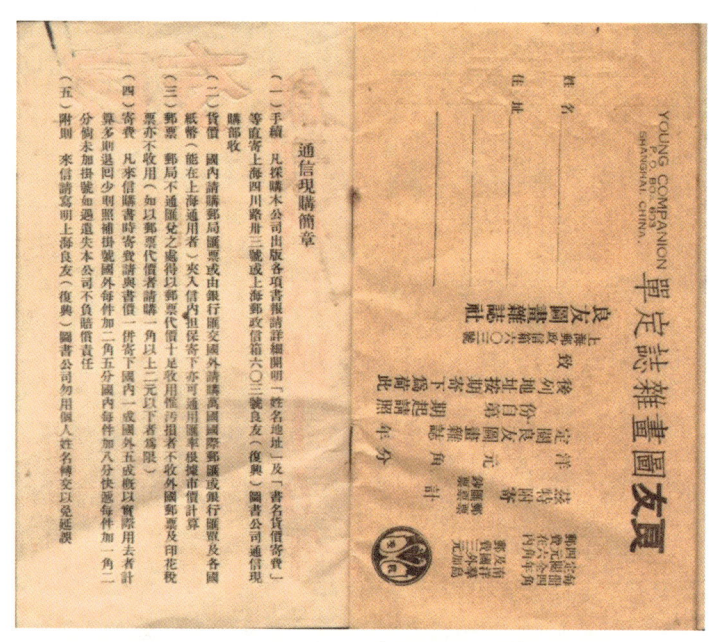
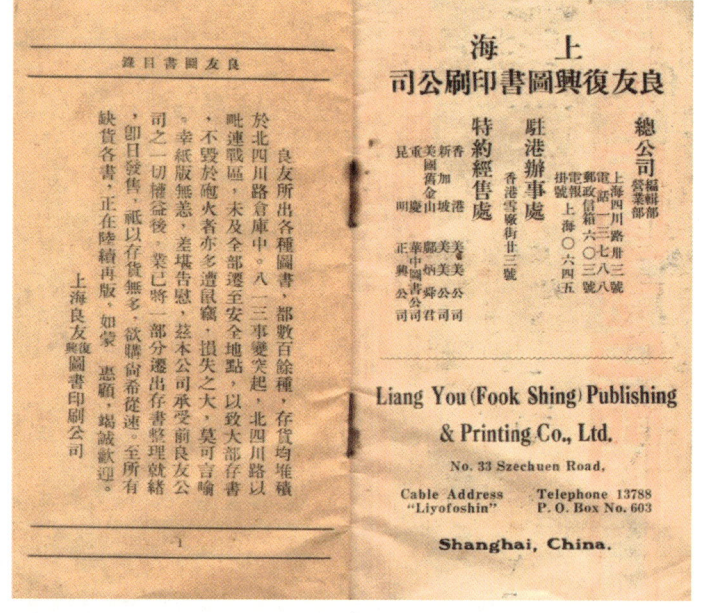

注：图为良友复兴图书印刷公司民国二十八年（1939年）四月图书简目及订购单。重组后的良友复兴公司依旧沿用了伍联德当年的手笔——"良友"美术字和"双鹅"商标。除了《良友》画报外，良友所出各类图书数百余种，因"八一三"事变突起，存于北四川路仓库的存货遭致大量毁坏，损失巨大。复兴后的良友承接了原良友的所有资产，继续经营。

图7　良友复兴图书印刷公司民国二十八年四月图书简目及订购单

叁

> 曾经叱咤风云的《良友》画报,是否为公司带来了丰厚的利润?
>
> 作为主编,马国亮是个纯粹的文化人,即使后来创始人伍联德被迫出走,甚至良友破产,他都不清楚到底发生了什么。
>
> 其实所有的问题到最后都是经济问题。

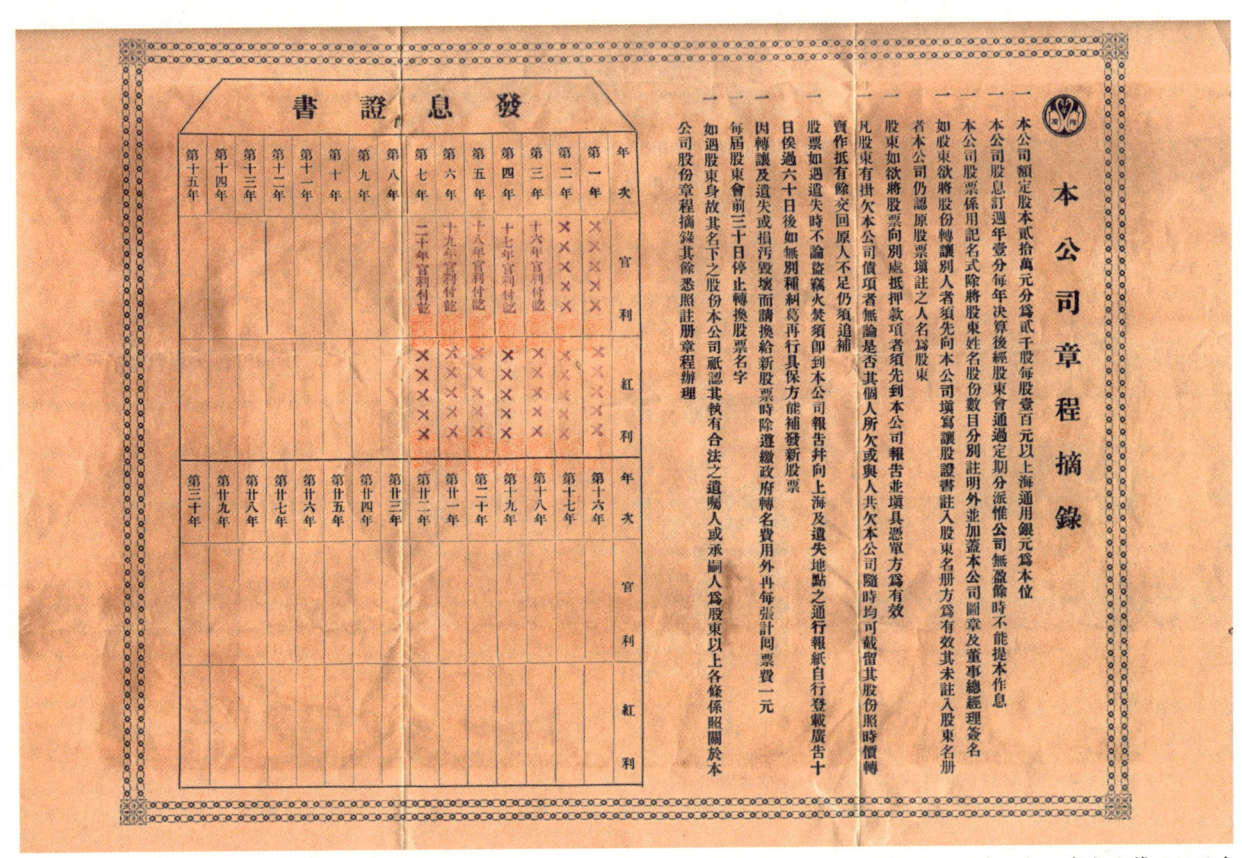

注:在良友图书印刷股份公司第一版股票的背面,摘录了公司章程:本公司股息订周年一分(10%,编者注),每年决算后经股东会通过定期分派,唯公司无盈余时不能提本作息。

图8 良友图书公司章程摘录

在发息证书中,清晰地记录了官息发放从民国十六年(1927年)开始并停格在了民国二十年(1931年),而红利发放记录则为"无"。这基本上说明了公司的运营情况:1927—1931年,公司处于盈利状态,资本回报率在10%之上,但无力发放红利,而1932年之后,很可能一直处于亏损状态。

a

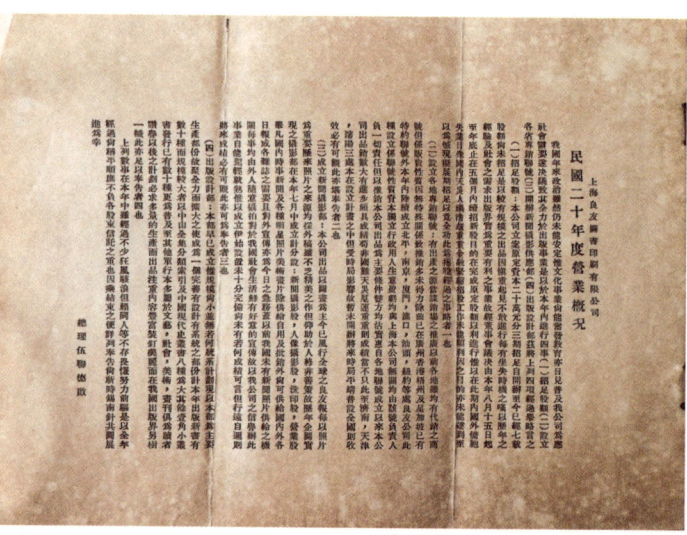

b

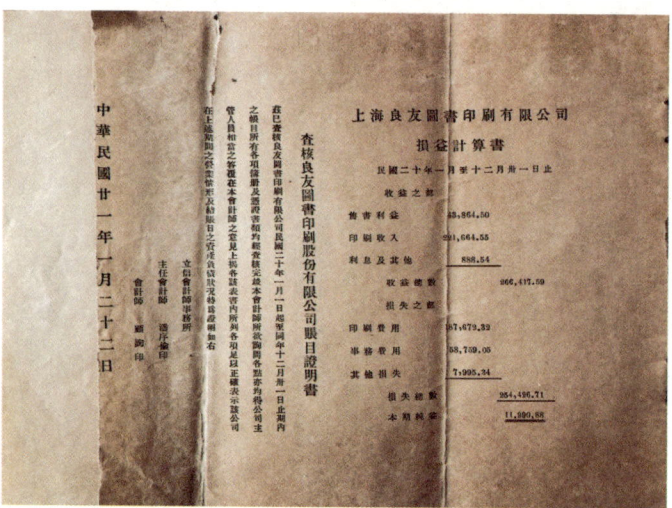

c

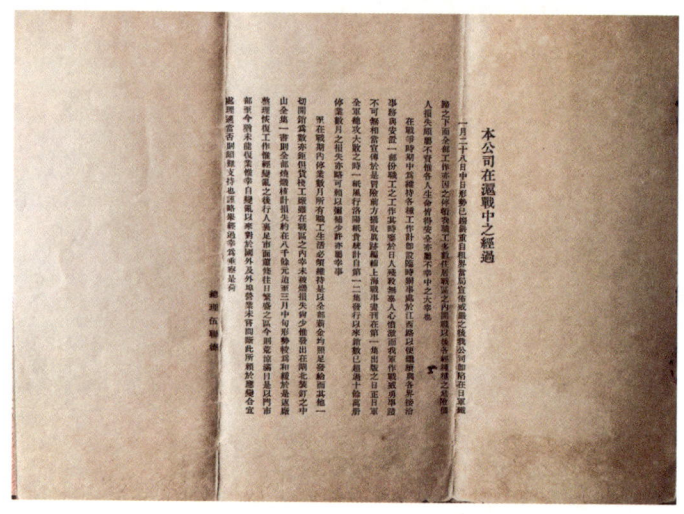

d

注：

a 良友图书印刷有限公司民国二十年（1931年）营业布告书封面。

b 总经理伍联德对1931年度的营业概况做了总结，该年度主要致力于四件事情：1. 招股，虽然公司成立已近七载，可是20万元的总资本额仍然难以招足，导致有规模之出品不敢进行。2. 设立各地专销联号，除了之前成立的广州、香港、广西梧州和新加坡外，当年成立了北平、南京、厦门、汉口、汕头和纽约等处。3. 成立新闻摄影部。4. 扩大出版设计部。

c 1931年度损益表，本期纯益11990.88元。假设以10万元的实收资本金计，收益率＞12%。

d 1932年1月28日淞沪战争爆发，良友的工作受到严重影响。伍联德在营业布告书中特别作了说明：设临时办事处于江西路以便安排部分职工继续工作；冒险编辑沪战题材的《上海战事》画报畅销10余万册；虽在战期内停业数月，但所有职工全部薪金照足发给；尚在装订之中的《中山全集》一书全部烧毁，合计损失8000余元。

图9　良友历史图片（一）

a

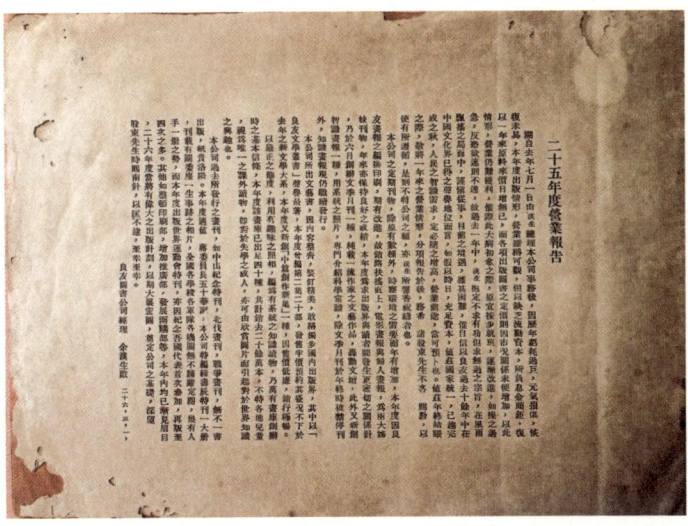
b

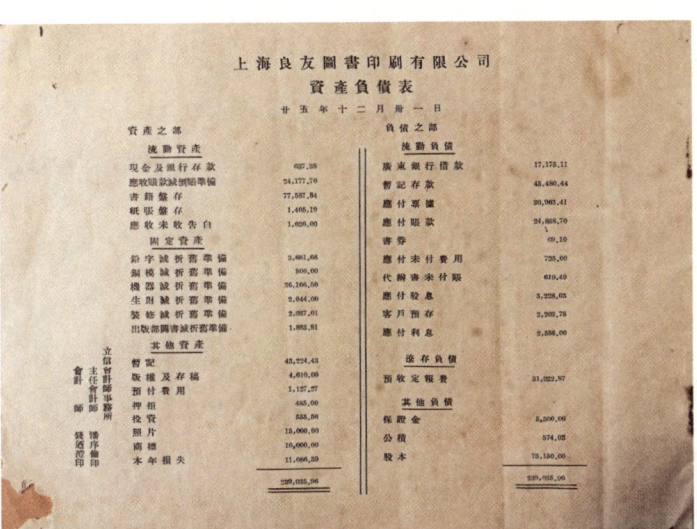
c

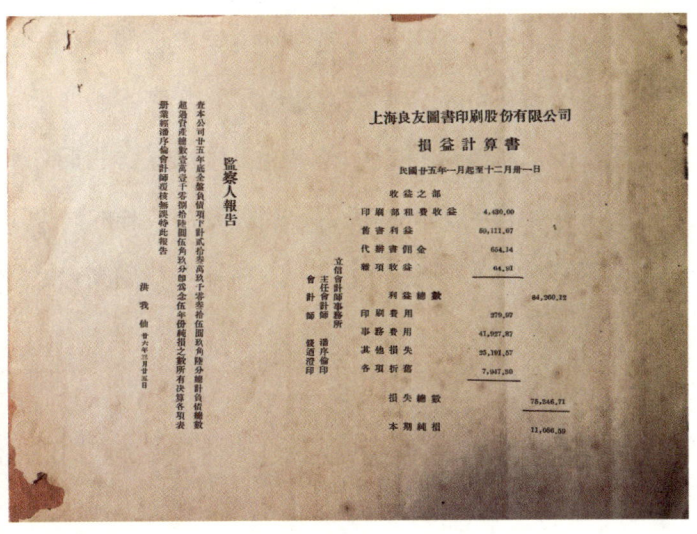
d

注：
a 良友图书印刷有限公司民国二十五年（1936年）营业布告书封面。
b 总经理余汉生对1936年度的营业概况作了总结：余汉生于1936年7月1日起代替伍联德担任良友总经理；公司过往历年亏损过巨，元气损伤，恢复未易；但各类画刊书籍均大受欢迎，行销通畅。
c 1936年度资产负债表。可惜没有具体明细表，但对比上海档案馆所藏的立信会计师事务所关于良友公司1935年度的审计报表，有几点值得推敲：
1. 资产项下的暂记欠款达到4.3万元，根据1935年的报表，这个数为3.8万元，而其中伍联德的个人欠款为2.5万元，余汉生的个人欠款为1.1万元。
2. 首次对库存照片进行了估值并资产化，并将良友的商标计提了商誉。3. 股本，1936年度的股本金额为73150元，但事实上1935年的报表中实缴股本已达到14.63万元，差额只能理解为冲销了历年来的亏损7万余元。
d 1936年度损益表。本年度亏损11086.59元。售书利益保持良好，事务费用较前几年度也有很好的控制，但是，其他大额损失2.5万元，却不知为何，供有兴趣的人士继续研究。

图10　良友历史图片（二）

大部分的史料认为，伍联德被股东排挤出良友，主要是因为经营不善，或指责他太会花钱，其实从这两份营业报告书，大致能窥知伍联德离开良友以及良友最后走向破产的原因：

1. 伍联德是一个有胆识、有魄力、有高远志向的人，他并不满足于《良友》画报的成功，他不断开拓或扩展新的出版版图，他成立自己的新闻摄影部，派遣梁得所率队游历全国实地采访和拍摄照片达7个多月，出版大型史诗级画册《中华景象》；他请来赵家璧编辑出版了"中国新文学大系""良友文学业书"等系列丛书，至今都被认为是中国文学史上的一个里程碑。这一系列大动作都大大超出了私营资本所能承受之重。而这类专业书籍和《良友》画报这样的期刊不同，一开始需要大量的投入，却需要在较长的时期内体现经济利益和社会价值，所以短期内费用高企，出现亏损。

2. 关于个人的巨额借款。马国亮回忆说，伍联德的确太会花钱，但有时是属于仗义疏财一类，他性格开朗、乐于助人，对金钱从不斤斤计较，他是一个把事业看得比金钱更重要的人。在淞沪会战中，《良友》虽然停业数月，却全额发放职工薪金便是例证。

3. 从报表上看，《良友》的收入来源非常单一，主要是画刊和书籍的售卖差价收入，虽然比较稳定，但毕竟是薄利的事业，现代媒体业收入主流的广告却很少，在现在看来，这简直是对《良友》画刊流量的极大浪费。马国亮在《良友忆旧》中说：原因之一是当时工商界对利用传播媒介推销产品的认识远不如今日；原因之二是《良友》画报对广告的选择相当严格，不会因为广告而牺牲画报质量。

4. 时局动乱造成的影响和损失。

肆

> 《良友》画报家喻户晓，读者们尚且惦念，它的创办人伍联德又岂能忘情。

1954年，伍联德在香港以"海外版"的名义，重新出版了《良友》画报。1967年，时值《良友》创刊四十周年，伍联德出版了大型画册《锦绣中华》，这是继20世纪30年代《中华景象》出版以来的又一本巨型画册，行销世界，大受欢迎。

1968年，因"文革"浩劫，稿源中断，《良友》不得不再次停刊。伍联德于1972年病故。

1984年，伍联德之子伍福强在香港再次复刊《良友》画报，并一直坚持出版至21世纪初。

赵家璧也是个怀旧之人，他费尽心机保存了一套完整的民国《良友》画报，并将其送往北京图书馆（今中国国家图书馆）收藏。1985年，在他的全力推动下，上海图书公司重新影印了《良友》画报。之后香港和台湾都进行了重印。

如今，在新媒体潮流下，传统的纸媒正在纷纷退场，快餐式的互联网信息流取而代之。然而我们回看90多年前的《良友》画报，却发现它们依旧打动人心，也许只有印刷在纸上的图片和文字才显得更加专注和坚定，那种精神、那种文化、那种对真善美的追求，才能更近距离地被人们感受到。

> 希望我们《良友》现在所抱着的普及教育、发扬文化的目标保持到底。不见异而思迁，不因难而思退；更不受任何势力的支配。取材严而均，言论公而直，持着我们的目标，忍耐、向前，努力实行，以求贯彻。
> ——伍联德《良友》第二十五期寄语

（配图提供：高芳芳、陈伟国、张林）

■ 作者简介：

高芳芳，上海财经大学金融学硕士，曾先后任职于华为技术有限公司、渣打银行（中国）有限公司等十余年，现为自由职业者。

峥嵘岁月

"大众",与新中国证券市场一起成长

———— 杨国平

"大众公用"和"大众交通"起步于我国从计划经济向市场经济转轨的历史时期,是上海证券交易所成立后早期上市的两家公司,并从股份制改革中获得了快速发展的动力。作为它们的参与者和建设者,我见证了"大众"与新中国证券市场一起成长的过程。

贷款组建"大众"刮起"红色旋风"

1988年,时任上海市市长的朱镕基同志要求整顿上海出租汽车市场,改善上海投资环境。当时,我担任上海市出租汽车公司党委书记,受命组建上海市大众出租汽车公司。公司贷款6350万元,购买了首批500辆出租车,于当年12月24日正式挂牌。新成立的"大众"凭借全新的服务理念,很快在上海出租汽车行业刮起一股"红色旋风",朱镕基同志称赞其"为出租汽车行业树立了一面红旗"。

新公司虽然在服务上高标准、严要求,受到了社会好评,但体制、机制上的弊端也制约了企业发展。

注：1988年12月24日，大众交通前身——上海市大众出租汽车公司开业典礼在上海展览中心举行。

图1　上海大众出租汽车公司开业典礼

例如，在分配制度上，由于受传统管理方式的限制，新公司"大前方、小后方"的精干组织结构和奖勤罚懒的分配方案受到了严峻挑战；另外，当时上海出租汽车市场供不应求，企业要增加车辆，却受到资金限制，靠向银行贷款购车，难以跟上市场需求增长的速度。为了解决这个难题，我们决定探索一条新路来加快公司的发展。

恰在这时，中国证券市场进入了启动阶段，1990年12月19日，上海证券交易所开业，让"大众"看到了希望。

"浦东大众"引出"股票认购证"

1991年初，我请时任上海市体改办企业处处长蒋铁柱等领导和专家来公司指导。当时公司条件很艰苦，总部设在宁波路、四川中路上一幢即将拆除的楼房里。就在这幢楼里，我们一起讨论股份制究竟能不能试等问题。当时最大的压力来自社会上对股份制所谓"姓

注：1991年12月24日，浦东大众出租汽车股份有限公司投产仪式在南浦大桥浦西环内广场举行。

图2 浦东大众出租汽车公司投产仪式

资""姓社"的争论，许多人思想上有困惑。蒋铁柱是上海股份制试点的积极推行者，他听了我的汇报后，表示要向国家有关部门反映，征得上级部门同意后，再行研究试点。

1991年3月，经蒋铁柱联络，我们邀请来了时任国家体改委企业司副司长贾和亭和国家工商管理总局的有关领导，与我们在海鸥饭店12楼会议室进行专题讨论。贾和亭副司长最后表态，可以组建"浦东大众"，作为恢复股份制试点单位之一。在政府有关部门的支持下，1991年12月，由大众出租汽车公司牵头，联合上海市煤气公司、交通银行浦东分行、申华实业等单位，组建成立了上海市浦东大众出租汽车股份有限公司，发行浦东新区第一只股票，发行总量为1400万股。

当年，上海滩发行新股票堪称一道独特的风景线。因为一"票"难求，购买者往往连夜排队，"浦东大众"股票发行也遇到这样的情景。

1991年12月8日，那天是星期天，原定上午8点开始发放购股券。从星期六晚上开始，就有人在虹口体育场、江湾体育场、七宝体育场等几处地方排队，而且人越来越多。夜里，分管副市长庄晓天带队巡视后，当即决定提前发放，在天亮前发完。当时江湾体

注：1991年12月，上海浦东大众出租汽车股份有限公司成立并发行浦东新区第一只股票。

图3 浦东大众发行的股票票样

育场的铁门被挤倒了，还有人受了伤，他们被送到医院后，没有要求赔偿医药费，只要求优先认购浦东大众的股票。

"浦东大众"股票发行获得了成功，但留下的问题是，再发股票，肯定会有更多人排队，怎么规避风险？当时负责股票发行工作的领导研究后，提出了过渡的解决方案，即发行股票认购证——每张30元，通过摇号抽签购买股票，这个办法一直延续到1992年底。

可以说，浦东大众是促成上海股票认购证诞生的一个直接原因。

"大众出租"上市 一波三折

当"浦东大众"的新体制、新机制运行取得成功时，"大众出租"也跃跃欲试，做好整体上市准备，但是过程却并不顺利。

1992年5月5日，在上海市建委四楼会议室，时任市建委主任吴祥明听取了建委系统拟上市公司的情况汇报。当时拟上市的共有6家企业：陆家嘴、金桥、外高桥、原水、凌桥和大众。大众出租排在最后，被市建委认为是可上可不上的"中间状态"。上午会议进行到11：30时，总算给了我10分钟进行汇报。由于我们上市准备工作做得非常充分，因而吴主任听后，同意向市政府上报大众出租上市方案。但是，由于发行额度不够，想从金桥公司的额度中调拨一部分。会后，我找金桥公司几位老总，他们答应回去商量后再给回音。后来，市建委企管处向市体改办进行了汇报，体改办决定追加给建委2500万股B股额度，定向给"大众出租"，此事总算得到了解决。

经上海市建委1992年5月19日批复，同意大众出租汽车公司进行股份制试点，改制为上海市大众出租汽车股份有限公司，公司B股上市时间为1992年7月22日，A股上市时间为1992年8月7日。

注：1992年6月12日，"大众"A、B股配股承销签约仪式举行。

图4 "大众"A、B股配股承销签约仪式

法人股转B股 再开先河

1992年前后上市的公司，大部分有法人股。由于种种原因，法人股一直未能流通，股东利益受到影响。"大众"法人股开创了转换为B股的先河。

实施法人股转B股方案，我们主要基于两个目的：一是给法人股找出路，由于法人股不能上市流通，股东资金处于长期沉淀的状态，不仅严重挫伤法人股股东的投资信心，也影响了公司的配股工作；二是公司需要扩大B股盘子，满足境外投资人的需求。

1994年初，我们与时任申银证券公司总经理阚治东、国际部经理陆文清等专家专题研究将法人股转让给B股投资者的可能性。首先，我们找到持有较多B股的股东，询问是否有受让的愿望，他们对有稳定收入来源的"大众出租"表示有信心。然后，我们征求上海证券交易所的意见，当时的总经理尉文渊表示同意试试，但要按法律程序办。

我们按程序召开董事会、股东大会，就此事进行审议、表决，并按规定在《上海证券报》刊登公告。由于我们事先没有向中国证监会汇报，中国证监会在第二天的新闻发布会上，认为法人股转B股尚在研究中，暂时不能转让。这下可悬了。

当时，我与时任上海市体改办副主任蒋铁柱等正在国外考察上市公司法人治理结构。蒋副主任打电话

给中国证监会主席刘鸿儒,他首先代我向刘主席作检查,同时表示一定会把这件事办好,请刘主席放心。回国后,我马上去北京,向时任中国证监会研究室主任徐雅萍汇报。徐主任对股份制的研究十分透彻,对我们的工作提出了许多好的意见。回到上海,我们一边做有关转让的准备工作,一边等待北京的批文。1994年6月18日,终于等来了批文。我们在6月30日完成了转让工作,成为第一家成功实施法人股转换为B股方案的上市公司。公司的54家法人单位持有的1000万股法人股全部"释放"。

公司法人股转换为B股的方案,引起社会各界的强烈反响,海内外许多报刊都发表评论文章,认为"大众出租"的转让方案独树一帜,开创了中国上市公司法人股向境外转让的先河,是一件有利于证券市场健康发展的事情。继"大众出租"之后,"上柴股份""上菱股份"等几家上市公司也用这种方式进行了法人股转换。

"大众"在改革中继续探索前进

1999年,为了规避同业竞争,大众出租和浦东大众两家公司进行了业务整合,分别更名为大众交通和大众科创(后改为大众公用),形成了各自以交通运输业和公用事业为主业的两家上市公司。

重组后,两家公司的主营业务趋于明晰,同时继续在证券市场中寻找机遇,参与投资具有发展前景的金融证券、医疗健康等行业,都获得了较高的投资收益。我们还对企业内部组织机构进行重组,不断探索适应市场经济环境的运营模式和组织构架。

"大众"在改革中诞生,在创新中发展。30年风雨历程,成就了今天的大众集团。在这个过程中,资本市场成就了"大众",也历练了"大众"。我认为,股份制并不是万能的,它给予每个企业的机会是平等的。上市公司只是为企业提供了一种较为科学的企业组织形式,其本身并不代表成功,成功的关键还是要看如何去运用、如何去把握。

不忘初衷,勇攀高峰。与新中国证券市场一起成长的"大众",正充满信心地站在新起点,迎接新时代的机遇和挑战。■

(本文为"承史传世·岁月流金"征集活动投稿。题图及照片提供:贾惟姈)

■ 作者简介:

杨国平,大众交通(集团)股份有限公司董事长兼总裁、上海大众公用事业(集团)股份有限公司董事局主席。1988年创立全新品牌——"大众"。公司于1992年在上海证券交易所上市,同时发行A股和B股,是全国出租汽车行业第一家股份制公司。

无形席位交易开先河
——中国证券交易制度的历史性变革

杨宇慧

1990年12月19日，上海证券交易所在黄浦江畔改革大潮中鸣锣开市。

上海证券交易所实行会员制，采取场内集中交易。投资者在办妥股东账户和资金账户后，在证券公司的营业部填写买或卖的交易单据。证券公司据此用电话向交易所交易大厅中的交易员（红马甲）传达买卖指令，交易员在其席位的电脑上报盘（申报）。交易员进入交易所的主机后按照价格优先、时间优先的原则撮合成交。这是一种传统的交易方式。在日本、我国台湾地区和香港地区等地交易所都保留了这一传统的下单方式。在上海证券交易所成立之前，我曾访问过旧上海股票交易所的交易员林乐耕先生，当年他是上海滩很著名的股票交易员，史载蒋经国先生曾委托他做过交易。据他回忆，当年也是场外用电话向场内交易员报单，场内交易员在场内的黑板上填写买卖品种、价格、数量。有个细节让我印象深刻，在与他交谈间，电话铃突然响了，他飞身过去一把抓起电话，动作之迅速，令人瞠目。这就是场内交易员长期形成的职业习惯。

1994年10—11月，我和上交所交易部殷叶亮、通讯部张弥等人随尉文渊总经理去日本东京证券交易所和大阪证券交易所考察，两个交易所还保留了人工跑步向场内报送买卖单据的做法。这一传统的交易方式能反映出场内交易的气氛，大盘潮涨潮落，牛熊相争，席位上人气沸腾。但这种交易制度受时间、速度等多方面影响，成为证券市场快速发展的瓶颈。

20世纪八九十年代，上海电信业还比较落后，电话线路非常紧张，传输速率也非常低，上海证券交易所开业时，上海市政府特批了50条电话专线，才使孔雀厅的首日交易得以顺利完成。几年后，随着市场逐渐扩大，一个孔雀厅已经不够用了，相继利用黄浦路上的仓库进行改建，开出多个交易大厅。

1994年初，正值深强沪弱，上海证券市场的成交量明显低于深圳。当时，两地的证券交易所都属地方政府管辖，市场竞争也在悄悄进行。

上海证券交易所是会员制，参与上海证券交易所场内交易的券商必须开通有形席位，早期只有为数不多的本地会员证券公司，后来北京中国证券市场研究设计中心（以下简称"联办"）来上海要求参加，由此也吸收了一部分江、浙、皖、鲁等地的证券公司；在南方还有一些证券公司不是上海证券交易所的会员，没有会员席位，不能参与上海证券交易所场内交易；还有的虽已是上交所会员，但席位不够，希望增加席位，席位增加了，交易量自然也上去了。异地券商怎样才能直接报盘进入上交所主机撮合成交呢？寻找一个跨地域、跨时空、点对点的全新交易方式成为上海证券交易所总经理尉文渊思考的头等大事。

在上海证券交易所初创时期，曾产生了不少超常规的设计和构思，譬如无纸化交易、卫星传输行情数据等，在当时的历史条件下确实都是一个个创新的大手笔。尉文渊年轻、思路活跃、敢闯敢干，不久，创建无形席位的思路在他脑中逐渐成熟，最终形成重要战略布局。

为了解决鞭长莫及的问题，上海证券交易所将通讯机房设在了深圳。1994年2月，会员部章玲与深圳华夏证券公司联系，走出第一步棋。接着，由我带队组成四人工作小组赴深圳开展具体工作。这四人工作小组由交易部岳克胜（现任国信证券总裁）、法律部陆文山（现任上期所党委副书记、监事长）、中央登记结算公司李刚（现在中国证券博物馆工作）和我（时任上海证券交易所驻外联络系统副总监兼深圳联络处主任）组成。

深圳华夏证券公司在福田区的振华路上，其办公场所是用一幢六层厂房改建成的。一楼、二楼是华夏证券公司振华路营业部营业场所，三楼、四楼是华夏证券公司总部，我们的通讯机房和办公室设在五楼，对外名称是：上海证券交易所深圳联络处。

我们四个人白天在五楼工作，晚上就住在华夏证券给我们安排在六楼的临时宿舍，宿舍是用木板分隔成的长方形房间，每人一间，一面有窗，采光很差，除了空调、一张单人床、一张写字台、一把椅子、一个木橱、一台电视机外，没有其他任何物品了。洗漱淋浴和卫生间都是楼层共用的。我们去的时候正是南方雨季，一会儿下雨一会儿出太阳，有点像上海的梅雨季节，又潮又闷热，非常难熬。白天忙碌工作，晚上夜深人静时想家了，就到楼下用公用投币电话给家人打电话，大家都很自律，没有一个人用办公室电话打长途。华夏证券公司马路对面就是深圳的北海渔港酒店，是一家很有名的粤菜馆，星期天我们也会常去弄点小吃改善生活。有时半夜下楼打电话，会看到酒店门口摆着在煮的汤煲，伙计将淘米水灌到煲里，才明白原来浓汤是这样煲出来的，这成了我们工作之余聊天的花絮。

我们在华夏证券公司的帮助下，以其公司的名义向深圳顺风通信终端服务公司申请了3600节点的设备，开放二条DDN64kbps数据专线，上海证券交易所深圳联络处（通讯站）工作很快走上正轨。

深圳无形席位审批运作有一套完整的程序：由深圳联络处将券商的申请报告、营业执照、金融许可证传回上交所；经所里审批通过后，深圳联络处向会员券商发放无形席位申请表，此项工作由深圳联络处岳克胜、李刚具体负责；券商填妥后报深圳联络处；联

络处将表传给所会员部章玲；由章玲负责与所各部门协调。交易部顾巍负责席位，郑英负责交易员注册，电脑部徐明负责席位号、交易代码、密码，清算部张和平负责清算账号，培训部周海龙、杨兴琳负责经纪人培训，通信部姚国樟负责安装卫星小站。全部流程完成后下达开通指令。

为了发展更多的会员券商，推进无形席位，提升上海证券交易所的成交量，我们不是在办公室坐等，而是主动出击。所里专门为深圳联络处配了一辆丰田大霸王面包车，我们马不停蹄地在华南地区走访券商，主动为它们解决实际问题。不少总部在华南的券商如大鹏证券、珠海证券等，通过深圳联络处与上海证券交易所建立了良好的合作关系。上海证券交易所深圳联络处（通讯站）在深圳落地后，成为华南地区券商和上海证券交易所之间非常重要的桥梁。

深圳是券商云集的地方，因为有了无形席位这个合适的跑道和完善的管理，为上海证券市场增添了生力军，提升了人气，活跃了行情，增加了沪市股票的成交量。

无形席位在深圳取得得天独厚的优势，同时，我们也看到，由于深圳、上海分处两地，在资金清算方面还存在一些问题，券商资金常受到银行转账造成在途资金及委托其他券商代为清算时造成资金占用等诸多不便，为此，深圳联络处提出在深圳建立结算中心的设想，建议委托工商银行或招商银行来代办，由通讯站统一清算。现在，两地证券交易所都受证监会领导，证监会直属的中国证券登记结算公司在上海和深圳设有分公司，这些问题都迎刃而解了。

1995年春，发生了"327"国债期货事件，我们全体奉命返回上海。

在总结深圳无形席位经验的基础上，我们试图把该运行模式推广到华中地区。1995年7月26日，我代表上海证券交易所与湖北证券有限公司签订了合作协议书，拟在湖北证券公司总部租借场地，建立通讯机房和联络处，准备在华中地区推广无形席位。

1995年9月，证监会对"327"事件进行处理，上海证券交易所总经理引咎辞职，无形席位工作就此告一段落。

深圳无形席位是一次大胆的探索，开创了场外交易的先河，是中国证券交易制度的一次历史性变革，为今天撤销场内有形席位交易、全盘实现无形席位交易、大幅度提高交易效率，提供了成功案例。■

（本文为"承史传世·岁月流金"征集活动投稿）

■ 作者简介：

杨宇慧，1991年1月初进入上海证券交易所工作，历任上海证券交易所调统部副经理（主持工作），兼《上海证券》（交易所专刊）编辑部主任，上海证券交易所总经理办公室主任；《上海证券报》总编辑助理、编委、副总编辑；上海证券交易所驻外系统副总监，兼驻北京、深圳联络处主任、首席代表；上海证券信息有限公司副总经理、董事长兼总经理。2010年1月退休。

主要著作有《美国现代市场学》《大牛斗熊——中国股市透视》《领你踏入股市》《中国投资指南》（第二集）、《股民实用投资手册》等近十部。

峥嵘岁月 EVENTFUL YEARS

我的"红马甲"生涯

夏宏建

70年多来，在中国共产党的领导下，我国发生了翻天覆地的变化，取得了举世瞩目的成就，"中国号"巨轮正向着中华民族伟大复兴的中国梦扬帆前进。作为中国特色社会主义市场经济的重要组成部分，新中国资本市场伴随着改革开放的春风孕育而生，经过30年的探索前进，不断壮大、超越，取得了有目共睹的成绩，现已成为世界第二大体量的资本市场。而作为新中国资本市场的重要主体，上海证券交易所的成立标志着新中国资本市场的从无到有，上海证券交易所的发展，见证了新中国资本市场在国际舞台上从探索者到引领者的华丽转变。

中国证券博物馆在上海证券交易所的开业地址——上海市黄浦路15号浦江饭店开馆。又一次听到这个熟悉的名字，我感慨万千！1992—1997年，我有幸在上交所从事"红马甲"工作，这是一段终身难忘的岁月，也是一段受益一生的经历，那些事、那些人再度浮上心头。

神秘而又平常的工作

1990年12月19日，随着黄浦江边的开锣声，上海证券交易所在浦江饭店孔雀厅开业。虽然当时交易产品的数量和规模跟现在不可同日而语，但足以在全国引起轰动。一夜之间，浦江饭店门庭若市，有身着"红马甲"的交易员、身着"黄马甲"的管理人员，更多的是关注新中国证券市场的参与者。当时的我还是一名学生，在得知上交所开业的消息后非常新奇，盼望着也能成为新中国证券市场的建设者。

转眼到了1992年10月，在得知公司将派我前往上交所做场内代表的时候，我既兴奋自豪，又忐忑不安，当时的我还是一名证券业的"新兵"，对场内代表要做什么了解不深，更未曾想过自己也能成为外人眼中十分神秘的"红马甲"。

还记得我第一天走进浦江饭店交易大厅时的震撼：太壮观了！十几米高的拱形天花板上，吊着几盏白玉兰灯，明亮的灯光笼罩着几十张排列成U形的交易席位，每个席位上都配有电脑和电话。这就是中国资本市场的最前沿阵地。

掌握了工作内容和要领后，我发现"红马甲"的日常工作也并没有外界眼中那么神秘，每个交易日做得最多的其实就是下单。但是千万别小瞧了"敲单子"这三个字，从开市到闭市，交易大厅里熙熙攘攘，人头攒动，电话声、敲击键盘声此起彼伏，从早到晚，我们都要歪着脖子夹着电话接听交易指令，同时两只手还要在电脑上同步进行委托。这项工作看似简单，但强度很大，容易出错，需要投入全部的细心与耐心，精神始终高度集中。刚开始的一段时间，一天下来，脖子都直不了，格外酸痛，人也感觉很疲惫，唯有精神上是富足的。来自全国各地的一群年轻人聚在一起，做着自己喜欢的事，憧憬着美好的未来，身体的不适也就不算什么大不了的事了，慢慢地就习惯了并享受着这种高强度的工作。随着时间的推移，我们的业务日益熟练，相互之间还开展了民间的竞赛活动，收盘后会比一比当天谁敲的单子数量最多。我记得有一个小伙子，最多的时候能一天下单几千笔，且没有一单错误，着实让我钦佩不已。

专业而亲善的领导

上交所开业之前的选址装修、交易机制的设计以及系统平台的搭建等，我早已有所耳闻，钦佩交易所领导层的智慧和胆识。来到上交所工作后，在交易时间，我们常常会看到交易所的领导在大厅内驻足。他们有时站在大屏幕前看看行情，有时在交易席位间走一走，有时还会跟我们简短地交谈几句。通过观察和接触，我感受到领导们不仅是优秀的管理者，还是资本市场出色的引路人。当时大多数"红马甲"和我一样，来自全国各地，且都是年轻人，领导们时常来交易大厅，一下子拉近了和我们之间的距离，平日里遇到我

图1　1993年，作者在上海证券交易所交易大厅

们，也主动跟我们打招呼、谈话，关心我们的工作和生活动态，询问我们的工作体会，鼓励我们说出工作上的一些看法，并为我们加油鼓劲。这一切，都让我们倍感温暖亲切，工作上也鼓足了干劲。

交易所领导的为人处世方式在潜移默化中也影响了我。若干年后，当我走上管理岗位，我也爱去跟员工们交流，关心他们的思想动态，了解他们工作上有无遇到困难。在尽我自己所能给出建议的同时，员工们的很多见解也启发了我。

先进又"卡壳"的系统

上交所在成立之初即有两个方面在国际上是领先的：一是推行股票无纸化，大大缩短了交收期；二是采用电脑交易系统，在开市第一天就进入了电子交易时代。

图 2　作者在上海证券交易所交易大厅一厅的工作照

当时，国外发达国家的交易所还主要采用打手势配合高声喊价的竞价模式，上交所已经高瞻远瞩地设计出了一套先进的计算机交易系统。当然，由于技术条件的限制，即便拥有完整的交易系统，在 20 世纪 90 年代，系统的内存和处理速度还是有局限的，尤其在 1992 年底至 1993 年初牛市到来的时候，在成交量明显放大、委托笔数急剧增加的情况下，数据传输常常"卡壳"。我们这些"红马甲"往往急得直拍电脑桌，希望电脑的处理速度能够快一点。大厅内响成一片的拍电脑桌的声音，是我们急切心情的有声表达，也成为当时交易大厅的一景。

亲历"327"国债期货风波

时间来到 1995 年 2 月 23 日，这一天爆发了中国证券业史上影响深远的"327"国债期货风波，一时间，我们这些交易员也承受了极大的工作压力。在上交所的统一指挥下，大家连夜开会分析、研究讨论。在风波发生的第二天，上交所就及时完善了持仓限额制度和涨跌停板制度，又在 27 日和 28 日连续两天组织我们联系各会员单位进行协议平仓，在 3 月 1 日又进行了强行平仓。多方解释、艰难沟通的个中滋味，也许只有参与者才能知道。这次风波带来的冲击，在很长的一段时间后才逐渐平息下来。其惨痛的教训，也让我看到了市场残酷的一面。作为风波的亲历者，在今后的工作中，我也一直要求自己、要求员工们务必高度重视风险管理。到如今，风险管理早已成为证券行业的重中之重。

甜蜜的信件

在上交所做"红马甲"的几年里，我工作之余回到宿舍，常常会抽时间给在南京的女朋友写信。其他自外地来到上海的同事，也是只要一有空闲，都会拿起笔和信纸。信寄出后，从堆积如山、成百上千封信件中，找到收件人是自己的信，是最让我期待的事。由于信件太多，收发处总被围得水泄不通，找信要花很长时间。因此，我想了一个办法，跟女朋友约定，寄信用航空信封。果然，每次我只需要看上几眼，就能准确抽出女朋友寄给我的信。

如今，我依旧能记起二十多岁时的我，每次将回信用航空信封装好，投进浦江饭店门口的邮筒时喜悦的心情。一封封往来上海和南京的书信，也见证了我们异地恋情的甜蜜。当时的女朋友，早已成为我携手相伴二十几载的妻子；当年的邮筒，也刷上了新漆，还静静伫立在原来的位置。我去上海的时候，每每路过浦江饭店附近，都会去找到这个邮筒，拍下照片发到家

里的微信群,总能收到妻子和女儿的笑脸表情和点赞。

茶叶蛋成了"晴雨表"

"红马甲"的生活有时甚至是枯燥的,但是我们也有苦中作乐的欢声笑语。有一位阿婆,曾经在很长的一段时间内是我们聊天的主角。

上交所开业后,在浦江饭店门外的拐角处,一直有一位卖茶叶蛋的阿婆。很多同事要是没吃早饭,时常会在这个阿婆处买几个茶叶蛋。下午闲暇之余,大家要是饿了,出门张望,也总能看见这个阿婆还原地坐在满锅热腾腾的茶叶蛋旁边,仿佛一直在等着我们。久而久之,在我们交易大厅内出现了这样一个传言:这位阿婆也炒股了。她以自己的日常经营情况作为股市的"晴雨表",如果某段时间早上9点开市前大批客源来得非常早,下午3点收市后摊前还围着很多人,那就是行情火爆,可以考虑卖出了;相反地,如果一天卖不出几个茶叶蛋,那就是行情低迷,买入的机会快来了。这位阿婆,虽然没有专业的投资知识,却早早领悟了行为经济学。后来我听说,浦江饭店内外往来的人群,不仅促成了阿婆的生意,还确实让她在股市里赚到了钱。她跟其他各行各业的人一样,在那个激荡火热的时代,用自己独特的方式创造着生活。

我在上海工作的五年,正值浦东大开发的开始。工作之余,我走到外滩向东眺望,能看到一栋栋高楼拔地而起,整个浦东一片生机勃勃,上交所如今的证券大厦也在如火如荼地筹划建设当中。当时我就坚信,我国的证券市场已经走上快速发展的轨道,前路一片广阔,大有可为!在我结束在上海的工作几个月后,上交所正式搬入了位于浦东南路528号的证券大厦,那里拥有3600平方米无柱式交易大厅,能容纳1600多个交易席位,未来还将迁往更加智能化的新址。

前人栽树,后人乘凉。在今天的外滩驻足,黄浦江对岸鳞次栉比的高楼组成了美丽的天际线,是新中国成立70周年伟大成就的缩影。不断改革创新、蓬勃发展的中国证券市场,书写了伟大成就中浓墨重彩的一笔。抚今追昔,鉴往知来。我们今天之所以能有如此规模庞大、品种繁多的证券市场,是由于无数前人矢志不渝、不懈奋斗打下了基础。

转眼间,我也从证券业的"新兵"变成了工作近三十年的"老兵",成为上市券商的管理人员。现在,我还常常想起在浦江饭店的"红马甲"生涯,那是我事业的起点,于我有着特殊的意义。当年的那件红马甲,现在还挂在我的衣橱里。勇立潮头敢为先,乘风破浪正当时。"只要路走对了,就不怕遥远。"我相信,在我们的共同努力下,中国证券市场必将迎来更加绚烂美好的明天!∎

(本文为"承史传世·岁月流金"征集活动投稿。照片提供:夏宏建)

■ **作者简介:**
夏宏建,南京证券股份有限公司总裁、党委副书记。

峥嵘岁月 EVENTFUL YEARS

我的"红马甲"生涯

夏宏建

70年多来,在中国共产党的领导下,我国发生了翻天覆地的变化,取得了举世瞩目的成就,"中国号"巨轮正向着中华民族伟大复兴的中国梦扬帆前进。作为中国特色社会主义市场经济的重要组成部分,新中国资本市场伴随着改革开放的春风孕育而生,经过30年的探索前进,不断壮大、超越,取得了有目共睹的成绩,现已成为世界第二大体量的资本市场。而作为新中国资本市场的重要主体,上海证券交易所的成立标志着新中国资本市场的从无到有,上海证券交易所的发展,见证了新中国资本市场在国际舞台上从探索者到引领者的华丽转变。

中国证券博物馆在上海证券交易所的开业地址——上海市黄浦路15号浦江饭店开馆。又一次听到这个熟悉的名字,我感慨万千!1992—1997年,我有幸在上交所从事"红马甲"工作,这是一段终身难忘的岁月,也是一段受益一生的经历,那些事、那些人再度浮上心头。

神秘而又平常的工作

1990年12月19日,随着黄浦江边的开锣声,上海证券交易所在浦江饭店孔雀厅开业。虽然当时交易产品的数量和规模跟现在不可同日而语,但足以在全国引起轰动。一夜之间,浦江饭店门庭若市,有身着"红马甲"的交易员、身着"黄马甲"的管理人员,更多的是关注新中国证券市场的参与者。当时的我还是一名学生,在得知上交所开业的消息后非常新奇,盼望着也能成为新中国证券市场的建设者。

转眼到了1992年10月,在得知公司将派我前往上交所做场内代表的时候,我既兴奋自豪,又忐忑不安,当时的我还是一名证券业的"新兵",对场内代表要做什么了解不深,更未曾想过自己也能成为外人眼中十分神秘的"红马甲"。

还记得我第一天走进浦江饭店交易大厅时的震撼:太壮观了!十几米高的拱形天花板上,吊着几盏白玉兰灯,明亮的灯光笼罩着几十张排列成U形的交易席位,每个席位上都配有电脑和电话。这就是中国资本市场的最前沿阵地。

掌握了工作内容和要领后,我发现"红马甲"的日常工作也并没有外界眼中那么神秘,每个交易日做得最多的其实就是下单。但是千万别小瞧了"敲单子"这三个字,从开市到闭市,交易大厅里熙熙攘攘,人头攒动，电话声、敲击键盘声此起彼伏，从早到晚，我们都要歪着脖子夹着电话接听交易指令，同时两只手还要在电脑上同步进行委托。这项工作看似简单，但强度很大，容易出错，需要投入全部的细心与耐心，精神始终高度集中。刚开始的一段时间，一天下来，脖子都直不了，格外酸痛，人也感觉很疲惫，唯有精神上是富足的。来自全国各地的一群年轻人聚在一起，做着自己喜欢的事，憧憬着美好的未来，身体的不适也就不算什么大不了的事了，慢慢地就习惯了并享受着这种高强度的工作。随着时间的推移，我们的业务日益熟练，相互之间还开展了民间的竞赛活动，收盘后会比一比当天谁敲的单子数量最多。我记得有一个小伙子，最多的时候能一天下单几千笔，且没有一单错误，着实让我钦佩不已。

专业而亲善的领导

上交所开业之前的选址装修、交易机制的设计以及系统平台的搭建等，我早已有所耳闻，钦佩交易所领导层的智慧和胆识。来到上交所工作后，在交易时间，我们常常会看到交易所的领导在大厅内驻足。他们有时站在大屏幕前看看行情，有时在交易席位间走一走，有时还会跟我们简短地交谈几句。通过观察和接触，我感受到领导们不仅是优秀的管理者，还是资本市场出色的引路人。当时大多数"红马甲"和我一样，来自全国各地，且都是年轻人，领导们时常来交易大厅，一下子拉近了和我们之间的距离，平日里遇到我

图1　1993年，作者在上海证券交易所交易大厅

们，也主动跟我们打招呼、谈话，关心我们的工作和生活动态，询问我们的工作体会，鼓励我们说出工作上的一些看法，并为我们加油鼓劲。这一切，都让我们倍感温暖亲切，工作上也鼓足了干劲。

交易所领导的为人处世方式在潜移默化中也影响了我。若干年后，当我走上管理岗位，我也爱去跟员工们交流，关心他们的思想动态，了解他们工作上有无遇到困难。在尽我自己所能给出建议的同时，员工们的很多见解也启发了我。

先进又"卡壳"的系统

上交所在成立之初即有两个方面在国际上是领先的：一是推行股票无纸化，大大缩短了交收期；二是采用电脑交易系统，在开市第一天就进入了电子交易时代。

图 2　作者在上海证券交易所交易大厅一厅的工作照

当时，国外发达国家的交易所还主要采用打手势配合高声喊价的竞价模式，上交所已经高瞻远瞩地设计出了一套先进的计算机交易系统。当然，由于技术条件的限制，即便拥有完整的交易系统，在 20 世纪 90 年代，系统的内存和处理速度还是有局限的，尤其在 1992 年底至 1993 年初牛市到来的时候，在成交量明显放大、委托笔数急剧增加的情况下，数据传输常常"卡壳"。我们这些"红马甲"往往急得直拍电脑桌，希望电脑的处理速度能够快一点。大厅内响成一片的拍电脑桌的声音，是我们急切心情的有声表达，也成为当时交易大厅的一景。

亲历"327"国债期货风波

时间来到 1995 年 2 月 23 日，这一天爆发了中国证券业史上影响深远的"327"国债期货风波，一时间，我们这些交易员也承受了极大的工作压力。在上交所的统一指挥下，大家连夜开会分析、研究讨论。在风波发生的第二天，上交所就及时完善了持仓限额制度和涨跌停板制度，又在 27 日和 28 日连续两天组织我们联系各会员单位进行协议平仓，在 3 月 1 日又进行了强行平仓。多方解释、艰难沟通的个中滋味，也许只有参与者才能知道。这次风波带来的冲击，在很长的一段时间后才逐渐平息下来。其惨痛的教训，也让我看到了市场残酷的一面。作为风波的亲历者，在今后的工作中，我也一直要求自己、要求员工们务必高度重视风险管理。到如今，风险管理早已成为证券行业的重中之重。

甜蜜的信件

在上交所做"红马甲"的几年里，我工作之余回到宿舍，常常会抽时间给在南京的女朋友写信。其他自外地来到上海的同事，也是只要一有空闲，都会拿起笔和信纸。信寄出后，从堆积如山、成百上千封信件中，找到收件人是自己的信，是最让我期待的事。由于信件太多，收发处总被围得水泄不通，找信要花很长时间。因此，我想了一个办法，跟女朋友约定，寄信用航空信封。果然，每次我只需要看上几眼，就能准确抽出女朋友寄给我的信。

如今，我依旧能记起二十多岁时的我，每次将回信用航空信封装好，投进浦江饭店门口的邮筒时喜悦的心情。一封封往来上海和南京的书信，也见证了我们异地恋情的甜蜜。当时的女朋友，早已成为我携手相伴二十几载的妻子；当年的邮筒，也刷上了新漆，还静静伫立在原来的位置。我去上海的时候，每每路过浦江饭店附近，都会去找到这个邮筒，拍下照片发到家

里的微信群,总能收到妻子和女儿的笑脸表情和点赞。

茶叶蛋成了"晴雨表"

"红马甲"的生活有时甚至是枯燥的,但是我们也有苦中作乐的欢声笑语。有一位阿婆,曾经在很长的一段时间内是我们聊天的主角。

上交所开业后,在浦江饭店门外的拐角处,一直有一位卖茶叶蛋的阿婆。很多同事要是没吃早饭,时常会在这个阿婆处买几个茶叶蛋。下午闲暇之余,大家要是饿了,出门张望,也总能看见这个阿婆还原地坐在满锅热腾腾的茶叶蛋旁边,仿佛一直在等着我们。久而久之,在我们交易大厅内出现了这样一个传言:这位阿婆也炒股了。她以自己的日常经营情况作为股市的"晴雨表",如果某段时间早上9点开市前大批客源来得非常早,下午3点收市后摊前还围着很多人,那就是行情火爆,可以考虑卖出了;相反地,如果一天卖不出几个茶叶蛋,那就是行情低迷,买入的机会快来了。这位阿婆,虽然没有专业的投资知识,却早早领悟了行为经济学。后来我听说,浦江饭店内外往来的人群,不仅促成了阿婆的生意,还确实让她在股市里赚到了钱。她跟其他各行各业的人一样,在那个激荡火热的时代,用自己独特的方式创造着生活。

我在上海工作的五年,正值浦东大开发的开始。工作之余,我走到外滩向东眺望,能看到一栋栋高楼拔地而起,整个浦东一片生机勃勃,上交所如今的证券大厦也在如火如荼地筹划建设当中。当时我就坚信,我国的证券市场已经走上快速发展的轨道,前路一片广阔,大有可为!在我结束在上海的工作几个月后,上交所正式搬入了位于浦东南路528号的证券大厦,那里拥有3600平方米无柱式交易大厅,能容纳1600多个交易席位,未来还将迁往更加智能化的新址。

前人栽树,后人乘凉。在今天的外滩驻足,黄浦江对岸鳞次栉比的高楼组成了美丽的天际线,是新中国成立70周年伟大成就的缩影。不断改革创新、蓬勃发展的中国证券市场,书写了伟大成就中浓墨重彩的一笔。抚今追昔,鉴往知来。我们今天之所以能有如此规模庞大、品种繁多的证券市场,是由于无数前人矢志不渝、不懈奋斗打下了基础。

转眼间,我也从证券业的"新兵"变成了工作近三十年的"老兵",成为上市券商的管理人员。现在,我还常常想起在浦江饭店的"红马甲"生涯,那是我事业的起点,于我有着特殊的意义。当年的那件红马甲,现在还挂在我的衣橱里。勇立潮头敢为先,乘风破浪正当时。"只要路走对了,就不怕遥远。"我相信,在我们的共同努力下,中国证券市场必将迎来更加绚烂美好的明天!■

(本文为"承史传世·岁月流金"征集活动投稿。照片提供:夏宏建)

■ 作者简介:

夏宏建,南京证券股份有限公司总裁、党委副书记。

峥嵘岁月 EVENTFUL YEARS

我的"红马甲"生涯

夏宏建

70 年多来,在中国共产党的领导下,我国发生了翻天覆地的变化,取得了举世瞩目的成就,"中国号"巨轮正向着中华民族伟大复兴的中国梦扬帆前进。作为中国特色社会主义市场经济的重要组成部分,新中国资本市场伴随着改革开放的春风孕育而生,经过 30 年的探索前进,不断壮大、超越,取得了有目共睹的成绩,现已成为世界第二大体量的资本市场。而作为新中国资本市场的重要主体,上海证券交易所的成立标志着新中国资本市场的从无到有,上海证券交易所的发展,见证了新中国资本市场在国际舞台上从探索者到引领者的华丽转变。

中国证券博物馆在上海证券交易所的开业地址——上海市黄浦路 15 号浦江饭店开馆。又一次听到这个熟悉的名字,我感慨万千! 1992—1997 年,我有幸在上交所从事"红马甲"工作,这是一段终身难忘的岁月,也是一段受益一生的经历,那些事、那些人再度浮上心头。

神秘而又平常的工作

1990 年 12 月 19 日,随着黄浦江边的开锣声,上海证券交易所在浦江饭店孔雀厅开业。虽然当时交易产品的数量和规模跟现在不可同日而语,但足以在全国引起轰动。一夜之间,浦江饭店门庭若市,有身着"红马甲"的交易员、身着"黄马甲"的管理人员,更多的是关注新中国证券市场的参与者。当时的我还是一名学生,在得知上交所开业的消息后非常新奇,盼望着也能成为新中国证券市场的建设者。

转眼到了 1992 年 10 月,在得知公司将派我前往上交所做场内代表的时候,我既兴奋自豪,又忐忑不安,当时的我还是一名证券业的"新兵",对场内代表要做什么了解不深,更未曾想过自己也能成为外人眼中十分神秘的"红马甲"。

还记得我第一天走进浦江饭店交易大厅时的震撼:太壮观了!十几米高的拱形天花板上,吊着几盏白玉兰灯,明亮的灯光笼罩着几十张排列成 U 形的交易席位,每个席位上都配有电脑和电话。这就是中国资本市场的最前沿阵地。

掌握了工作内容和要领后,我发现"红马甲"的日常工作也并没有外界眼中那么神秘,每个交易日做得最多的其实就是下单。但是千万别小瞧了"敲单子"这三个字,从开市到闭市,交易大厅里熙熙攘攘,人头攒动，电话声、敲击键盘声此起彼伏，从早到晚，我们都要歪着脖子夹着电话接听交易指令，同时两只手还要在电脑上同步进行委托。这项工作看似简单，但强度很大，容易出错，需要投入全部的细心与耐心，精神始终高度集中。刚开始的一段时间，一天下来，脖子都直不了，格外酸痛，人也感觉很疲惫，唯有精神上是富足的。来自全国各地的一群年轻人聚在一起，做着自己喜欢的事，憧憬着美好的未来，身体的不适也就不算什么大不了的事了，慢慢地就习惯了并享受着这种高强度的工作。随着时间的推移，我们的业务日益熟练，相互之间还开展了民间的竞赛活动，收盘后会比一比当天谁敲的单子数量最多。我记得有一个小伙子，最多的时候能一天下单几千笔，且没有一单错误，着实让我钦佩不已。

专业而亲善的领导

上交所开业之前的选址装修、交易机制的设计以及系统平台的搭建等，我早已有所耳闻，钦佩交易所领导层的智慧和胆识。来到上交所工作后，在交易时间，我们常常会看到交易所的领导在大厅内驻足。他们有时站在大屏幕前看看行情，有时在交易席位间走一走，有时还会跟我们简短地交谈几句。通过观察和接触，我感受到领导们不仅是优秀的管理者，还是资本市场出色的引路人。当时大多数"红马甲"和我一样，来自全国各地，且都是年轻人，领导们时常来交易大厅，一下子拉近了和我们之间的距离，平日里遇到我

图1　1993年，作者在上海证券交易所交易大厅

们，也主动跟我们打招呼、谈话，关心我们的工作和生活动态，询问我们的工作体会，鼓励我们说出工作上的一些看法，并为我们加油鼓劲。这一切，都让我们倍感温暖亲切，工作上也鼓足了干劲。

交易所领导的为人处世方式在潜移默化中也影响了我。若干年后，当我走上管理岗位，我也爱去跟员工们交流，关心他们的思想动态，了解他们工作上有无遇到困难。在尽我自己所能给出建议的同时，员工们的很多见解也启发了我。

先进又"卡壳"的系统

上交所在成立之初即有两个方面在国际上是领先的：一是推行股票无纸化，大大缩短了交收期；二是采用电脑交易系统，在开市第一天就进入了电子交易时代。

图 2　作者在上海证券交易所交易大厅一厅的工作照

当时，国外发达国家的交易所还主要采用打手势配合高声喊价的竞价模式，上交所已经高瞻远瞩地设计出了一套先进的计算机交易系统。当然，由于技术条件的限制，即便拥有完整的交易系统，在 20 世纪 90 年代，系统的内存和处理速度还是有局限的，尤其在 1992 年底至 1993 年初牛市到来的时候，在成交量明显放大、委托笔数急剧增加的情况下，数据传输常常"卡壳"。我们这些"红马甲"往往急得直拍电脑桌，希望电脑的处理速度能够快一点。大厅内响成一片的拍电脑桌的声音，是我们急切心情的有声表达，也成为当时交易大厅的一景。

亲历"327"国债期货风波

时间来到 1995 年 2 月 23 日，这一天爆发了中国证券业史上影响深远的"327"国债期货风波，一时间，我们这些交易员也承受了极大的工作压力。在上交所的统一指挥下，大家连夜开会分析、研究讨论。在风波发生的第二天，上交所就及时完善了持仓限额制度和涨跌停板制度，又在 27 日和 28 日连续两天组织我们联系各会员单位进行协议平仓，在 3 月 1 日又进行了强行平仓。多方解释、艰难沟通的个中滋味，也许只有参与者才能知道。这次风波带来的冲击，在很长的一段时间后才逐渐平息下来。其惨痛的教训，也让我看到了市场残酷的一面。作为风波的亲历者，在今后的工作中，我也一直要求自己、要求员工们务必高度重视风险管理。到如今，风险管理早已成为证券行业的重中之重。

甜蜜的信件

在上交所做"红马甲"的几年里，我工作之余回到宿舍，常常会抽时间给在南京的女朋友写信。其他自外地来到上海的同事，也是只要一有空闲，都会拿起笔和信纸。信寄出后，从堆积如山、成百上千封信件中，找到收件人是自己的信，是最让我期待的事。由于信件太多，收发处总被围得水泄不通，找信要花很长时间。因此，我想了一个办法，跟女朋友约定，寄信用航空信封。果然，每次我只需要看上几眼，就能准确抽出女朋友寄给我的信。

如今，我依旧能记起二十多岁时的我，每次将回信用航空信封装好，投进浦江饭店门口的邮筒时喜悦的心情。一封封往来上海和南京的书信，也见证了我们异地恋情的甜蜜。当时的女朋友，早已成为我携手相伴二十几载的妻子；当年的邮筒，也刷上了新漆，还静静伫立在原来的位置。我去上海的时候，每每路过浦江饭店附近，都会去找到这个邮筒，拍下照片发到家

里的微信群，总能收到妻子和女儿的笑脸表情和点赞。

茶叶蛋成了"晴雨表"

"红马甲"的生活有时甚至是枯燥的，但是我们也有苦中作乐的欢声笑语。有一位阿婆，曾经在很长的一段时间内是我们聊天的主角。

上交所开业后，在浦江饭店门外的拐角处，一直有一位卖茶叶蛋的阿婆。很多同事要是没吃早饭，时常会在这个阿婆处买几个茶叶蛋。下午闲暇之余，大家要是饿了，出门张望，也总能看见这个阿婆还原地坐在满锅热腾腾的茶叶蛋旁边，仿佛一直在等着我们。久而久之，在我们交易大厅内出现了这样一个传言：这位阿婆也炒股了。她以自己的日常经营情况作为股市的"晴雨表"，如果某段时间早上9点开市前大批客源来得非常早，下午3点收市后摊前还围着很多人，那就是行情火爆，可以考虑卖出了；相反地，如果一天卖不出几个茶叶蛋，那就是行情低迷，买入的机会快来了。这位阿婆，虽然没有专业的投资知识，却早早领悟了行为经济学。后来我听说，浦江饭店内外往来的人群，不仅促成了阿婆的生意，还确实让她在股市里赚到了钱。她跟其他各行各业的人一样，在那个激荡火热的时代，用自己独特的方式创造着生活。

我在上海工作的五年，正值浦东大开发的开始。工作之余，我走到外滩向东眺望，能看到一栋栋高楼拔地而起，整个浦东一片生机勃勃，上交所如今的证券大厦也在如火如荼地筹划建设当中。当时我就坚信，我国的证券市场已经走上快速发展的轨道，前路一片广阔，大有可为！在我结束在上海的工作几个月后，上交所正式搬入了位于浦东南路528号的证券大厦，那里拥有3600平方米无柱式交易大厅，能容纳1600多个交易席位，未来还将迁往更加智能化的新址。

前人栽树，后人乘凉。在今天的外滩驻足，黄浦江对岸鳞次栉比的高楼组成了美丽的天际线，是新中国成立70周年伟大成就的缩影。不断改革创新、蓬勃发展的中国证券市场，书写了伟大成就中浓墨重彩的一笔。抚今追昔，鉴往知来。我们今天之所以能有如此规模庞大、品种繁多的证券市场，是由于无数前人矢志不渝、不懈奋斗打下了基础。

转眼间，我也从证券业的"新兵"变成了工作近三十年的"老兵"，成为上市券商的管理人员。现在，我还常常想起在浦江饭店的"红马甲"生涯，那是我事业的起点，于我有着特殊的意义。当年的那件红马甲，现在还挂在我的衣橱里。勇立潮头敢为先，乘风破浪正当时。"只要路走对了，就不怕遥远。"我相信，在我们的共同努力下，中国证券市场必将迎来更加绚烂美好的明天！■

（本文为"承史传世·岁月流金"征集活动投稿。照片提供：夏宏建）

■ 作者简介：

夏宏建，南京证券股份有限公司总裁、党委副书记。

大事记

中国私募股权投资基金大事记
（1985—2019）

——赛领资本

1985 年

3月13日，中共中央发布《关于科学技术体制改革的决定》，其中提到关于支持创业风险投资的问题。随后，国家科委和财政部等部委联合筹建了"中国新技术创业投资公司"，这是中国第一家风险投资机构。

1986 年

国家科委和财政部联合几家股东共同投资设立了"中国创业风险投资公司"，成为我国内地第一家专营风险投资的股份制公司，创立之初的目的是扶植各地高科技企业的发展。

1989 年

中国第一家中外合资私募股权投资公司——中国科招高技术有限公司成立。

1992 年

美国国际数据集团投资成立我国第一家外资风险投资公司——美国太平洋风险投资公司。

1995 年

8月11日，中国人民银行发布了《设立境外中国产业投资基金管理办法》，鼓励中国境内非银行金融机构、非金融机构以及中资控股的境外机构在境外设立基金，投资于中国境内产业项目。随着中国IT业和互联网的快速发展，大批外资风险投资机构进入中国投资，并通过新浪、搜狐、网易、亚信等在美国的成功上市获取丰厚回报。VIE架构出现。

1998 年

在全国政协九届一次会议上，"中国风险投资之父"成思危代表民建中央提交了《关于尽快发展我国风险投资事业的提案》，这就是后来被认为引发了一场高科技产业发展新高潮的"一号提案"。风险投资由此在中国真正进入了一个高速发展时期。

1999 年

8月20日，中共中央、国务院《关于加强技术创新、发展高科技、实现产业化的决定》出台，为我国私募股权投资的发展作出制度上的安排，极大地鼓舞了发展私募股权投资的热情，掀起了第二次短暂的投资风潮。

8月26日，深圳市创新科技投资有限公司成立。

国际金融公司(IFC)入股上海银行标志着私募股权投资的模式开始进入中国，这对于当时的中国来说是一个非常新的投资概念。

8月，为了推动政府科技投入改革，加快高新技术成果转化，上海市政府批准成立了国有独资的上海创业投资有限公司。

11月16日，《关于建立我国风险投资机制的若干意见》出台，这是我国第一个有关风险投资发展的战略性、纲领性文件，为风险投资机制制定了相关的原则。

2000 年

上海创业投资有限公司开始尝试参股设立子基金，与企业联合成立非实体性质的平行投资基金，与国内外其他主体合资成立公司制创业投资机构。从某种意义上讲，上海创业投资公司的设立与运作可以被认为是我国政府出资引导创业投资业发展的最早尝试。

2001 年

中国创业投资开启了自己的元年。在美元基金方面，熊晓鸽率领的 IDG 在前一年的互联网泡沫中，握住机会投资了百度、携程网等后来的知名互联网项目。除了 IDG 之外，美元基金呈现出两种发展趋势。一种是国外知名公司、机构开始组建自己的中国区团队，比如，邝子平所代表的英特尔投资、徐新所代表的霸菱投资；另一种是改革开放后最早嗅到内地机会的香港、台湾投资机构开始抢占内地市场，这其中最具代表性的莫过于宏碁投资的陈友忠。

深圳市创新科技投资有限公司（深创投）在阚治东的掌舵下迎来第一个"黄金时期"。阚治东在担任深创投总裁的 2 年时间里，曾设立过一个"三段式"的盈利模式，其"终极阶段"是以管理费收入以及利润分红的收入作为主要收入来源，这也为后来的本土创投机构所借鉴。

2002 年

中国本土创投迎来了最为惨痛的"寒冬"。创业板未能如期推出让本土创投的退出渠道被阻断。当年，仅深圳一地就有近百家本土创投倒闭。深创投、达晨创投等当今知名的本土机构当年的日子都不好过。

为了吸引和带动境内外社会资本投资中关村科技园区的高科技企业，帮助企业拓宽融资渠道，中关村管委会借鉴以色列政府推动创业投资发展的经验，出资设立"中关村创业投资引导资金"，主要是以跟进投资的方式鼓励合作的创业投资机构投资中关村科技园区的高科技企业。这是我国第一只由政府出资设立的具有"引导"之名的创业投资引导基金。

2003 年

我国第一只并购基金弘毅投资成立，其主要投资于成熟行业中的成熟企业和新兴行业中的成长型企业。

3 月 1 日，《外商投资创业投资企业管理规定》出台，对外商在中国境内开展创投业务进行规范。

2004 年

5 月 27 日，深交所推出中小企业板块。

继 2003 年携程上市后，2004 年中国互联网迎来了一个上市"窗口期"。除了盛大网络外，空中网、51job、金融界等 8 家互联网企业也集中赴美上市。在这些互联网公司背后，都有着早期布局的创投机构。可以说，2004 年让中国的创投者们第一次品尝到了"胜利的果实"。

美国华平投资集团等机构，联手收购哈药集团 55% 的股权，创下我国第一宗国际并购基金收购大型国企案例。

美国著名的新桥资本以 12.53 亿元人民币从深圳市政府手中收购深圳发展银行 17.89% 的控股股权，这也是国际并购基金在中国的第一起重大案例，同时也诞生了第一家由国际资本控股的中国商业银行。

2005 年

外资基金大量进入，本土创投也迎来新生。

硅谷知名风投公司联合组织了一次中国旅行，这也被视为中国私募股权投资基金行业的分水岭，在此之后，一大批外资基金纷纷在中国设立机构。其中，最具代表性的就是红杉中国的设立。与其他美元基金的做法不同，红杉在全球每一个市场设立基金时，都会选择熟悉本土文化同时又具有互联网感觉的投资人。

4月29日，中国证监会发布《关于上市公司股权分置改革试点有关问题的通知》，宣布启动股权分置改革试点。在此之后，本土创投此前投资的项目开始逐渐在二级市场上退出，打通了一级、二级市场通道之后，本土创投开始逐渐登上历史舞台。

国际著名私募股权机构参与了中国银行、建设银行等商业银行的引资工作，9月9日，凯雷投资集团对太平洋人寿4亿美元投资议案获得太平洋保险集团董事会通过，凯雷因此获得太保人寿24.98%的股权。

11月15日，国家发展和改革委员会等十部委联合颁布了《创业投资企业管理暂行办法》，其中第二十二条明确规定："国家与地方政府可以设立创业投资引导基金，通过参股和提供融资担保等方式扶持创业投资企业的设立与发展。"该办法的出台，从国家层面确立了政府引导基金的地位，使政府引导基金从地方试点走向了规范运作。

2006 年

8月27日，新修订的《合伙企业法》获得通过，使得国际私募股权基金普遍采用的有限合伙组织形式得以实现，大力推动了私募股权基金行业的发展。

同洲电子上市，达晨和深创投得以退出，这是本土创投基金首个成功投资的项目，这两家老牌本土创投也因此重新焕发了活力。

9月11日，中国成立了第一只天使投资基金——天津滨海天使创业投资资金。

2007 年

随着外汇储备不断增长，第十届全国人大常委会第二十八次会议审议通过了国务院提请的发行1.55万亿元特别国债作为即将成立的国家外汇投资公司的资金来源的议案。2007年9月29日，中国投资责任有限公司正式成立。

7月，第一只国家级引导基金——"科技型中小企业创业投资引导基金"正式设立。科技型中小企业创业投资引导基金的资金来源于中央财政科技型中小企业创新基金。

中国资本市场的变化吸引了著名国际投资机构的目光。同为国际私募股权投资基金巨头的黑石和KKR也开始在中国进行投资。9月10日，黑石集团宣布向中国蓝星集团投资6亿美元，占其20%的股份。仅隔7天，KKR完成了对河南天瑞水泥的投资，持有后者43.2%的股份，投资总额达1.15亿美元。国际私募巨头们正式开始了在中国市场的布局。

2008 年

全国社保基金获准自主投资经国家发展改革委批准的产业基金和在国家发展改革委备案的市场化股权投资基金，可投资金额近500亿元，鼎晖投资和弘毅投资旗下的人民币基金首批获投。社保基金对鼎晖投资与弘毅投资各投资20亿元，由此拉开了社保基金加大对私募股权基金投资的序幕。

10月22日，国务院办公厅发布了由国家发展改革委、财政部、商务部联合制定的《关于创业投资引导基金规范设立与运作的指导意见》，为政府引导基金的组织和设立奠定了法律基础。

2009年

10月30日，创业板推出，企业上市门槛降低和新股发行市盈率较高为股权投资提供了退出平台，一批投资机构借助创业板平台获取高额回报。4万亿元刺激政策使得投资人手中的可投资金充足，大批私募股权基金机构成立，行业井喷式增长。首批28家创业板公司背后分别是20家风险投资公司。统计显示，风险创投在这些公司上市前一共投入了近7亿元资金，最终赢得了平均5.76倍的回报。从此，人民币股权投资风生水起。

国家发展改革委、财政部与北京、上海、深圳、重庆、安徽、湖南、吉林七省市人民政府联合设立创业投资基金，推出首批20只创投基金进行试点，20只创投基金将全部由七省市政府选定，根据当地研发优势、产业基础和地方特点来确定专业领域投向。

2010年

中国私募股权投资市场合格机构投资者迅猛扩容。8月初，中国保监会下发《保险资金运用管理暂行办法》，9月颁布《保险资金投资股权暂行办法》，放开了保险资金从事股权投资政策限制。截至当年8月，我国保险公司资产总额达4.75万亿元，按照规定，总资产的3%可用于股权投资，其规模超过1400亿元。

社保基金再度投资中信产业投资基金、IDG、联想投资及弘毅投资，进一步加大了在股权投资领域的投资配比。

2011年

美国证券交易委员会出台新规，任何希望通过反向并购上市的公司必须满足更加严格的上市要求。反向收购上市曾经是国内企业赴美上市的优选，因为其操作简单，时间周期短，变现容易，是国内创投业实现投资退出的一个捷径。

北京、上海、重庆首批试点合格境外有限合伙人（QFLP）制度。

9月9日，财政部和国家发展改革委联合出台了《新兴产业创投计划参股创业投资基金管理暂行办法》，该计划采取中央财政和地方财政联动的方式，以母基金的方式进行运作，参股创业投资企业。截至2016年底，该计划累计投资了183只子基金，中央财政引导基金出资金额为95亿元。

12月9日，国家发展改革委推出《关于促进股权投资企业规范发展的通知》，将私募股权基金备案制推广至全国。这是我国首个全国性的股权投资企业管理规则。

2012年

2月，中国首只人民币国际投贷基金——赛领国际投资基金成立。

中国证券投资基金业协会于6月6日成立，这是

在中国证监会引导下的基金行业相关机构自愿结成的全国性、行业性、非营利性社会组织。

分众传媒宣布私有化，凯雷、鼎晖、方源资本等PE机构参与私有化过程。2005年，分众传媒随中概股赴美上市浪潮登陆纳斯达克。自2008年以来，遭遇做空后的分众传媒股价一路下跌，最低时股价不到6美元。2012年，分众传媒借壳获批，成功登陆A股。

4月，中国证监会提出筹建统一监管下的全国性场外交易市场，8月，经国务院批准，新三板扩容至上海张江、武汉东湖、天津滨海等地。这是新三板日后全国扩容的试水。"老三板"在新政下焕发新生。

4月19日，上海市金融办下发《关于本市开展合格境内有限合伙人试点工作的实施办法》（沪金融办〔2012〕101号），标志着合格境内有限合伙人（QDLP）制度正式在上海起航。

2013年

A股IPO暂停一年，上市退出渠道严重受阻，并购成为退出首要方式。私募股权基金行业洗牌，私募股权机构开始重视专业化投资和投后管理工作，逐渐回归投资实业本质。

新三板扩大至全国，部分私募股权机构已经将其作为重要项目源平台和退出通道。

6月，中央编制办公室印发《关于私募股权基金管理职责分工的通知》。该通知明确，中国证监会负责私募股权基金的监督管理，实行适度监管，保护投资者权益；国家发展改革委负责组织拟订促进私募股权基金发展的政策措施，会同有关部门研究制定政府对私募股权基金出资的标准和规范；两部门要建立协调配合机制，实现信息共享。自此，争论已久的私募股权基金监管权最终明确。

第一批6家境外大型对冲基金公司共获得3亿美元合格境内有限合伙人额度，分别是英仕曼、元盛资本管理、美国橡树资本、城堡投资、奥氏资本和肯阳资本，每家对冲基金公司获5000万美元额度。

2014年

A股IPO开放，私募股权机构投资项目上市退出通道打开，多家机构通过企业IPO退出。新一轮国资国企改革提出，积极发展混合所有制经济，引入股权投资基金参与国有企业改制上市、重组整合、国际并购。这极大地激发了私募股权基金的热情，诸多私募股权机构专门成立了工作小组，以对接国资国企改革的机会。

3月24日，《国务院关于进一步优化企业兼并重组市场环境的意见》（国发〔2014〕14号）明确鼓励各类财务投资主体通过设立并购基金参与兼并重组。同年10月23日，中国证监会发布的《上市公司重大资产重组管理办法》中规定，鼓励依法设立的并购基金等投资机构参与上市公司并购重组。

我国在对外投资的审批环节上大幅简政放权，形成了"备案为主、核准为辅"的管理模式，境外直接投资项下外汇登记改成由银行直接审核办理，一系列的政策开放释放了企业境外投资的潜在活力。

11月11日，中国证券投资基金业协会发布的《私募投资基金管理人登记和基金备案办法（试行）》规定，私募股权投资机构须向中国证券投资基金业协会登记备案。

2015 年

受到对外投资简政放权影响，民营资本对外投资热情高涨，成为对外投资主力军。

11月12日，财政部发布《政府投资基金暂行管理办法》（财预〔2015〕210号），该办法将政府投资基金定义为"由各级政府通过预算安排，以单独出资或与社会资本共同出资设立，采用股权投资等市场化方式，引导社会各类资本投资经济社会发展的重点领域和薄弱环节，支持相关产业和领域发展的资金"。

2016 年

2月5日，中国证券投资基金业协会发布《关于进一步规范私募基金管理人登记若干事项的公告》，对私募基金管理人的登记备案提出更严要求。

国家发展改革委、商务部、国家外汇局、中国人民银行联合严格对外投资监管，私募股权基金对外投资受阻，规模大幅下降。

6月16日，国务院颁布《国务院关于大力推进大众创业万众创新若干政策措施的意见》，这是推进大众创业、万众创新的一个系统性、普惠性政策文件，国务院加快构建"双创"平台，私募股权投资基金出现新的投资机会。

2017 年

8月30日，国务院法制办公室在其官网发布关于《私募投资基金管理暂行条例（征求意见稿）》公开征求意见的通知，公开向社会公众征求意见，目的是解决私募基金监管领域"上位法缺失"的问题。此前除了《证券投资基金法》中对于私募基金简单提及外，私募基金特别是私募股权投资基金在实践中主要适用的高阶法规为中国证监会发布的《私募投资基金监督管理暂行办法》，并无专门的行政法规。

11月，中国首只村集体投资基金——龙岗区南岭村社区新组建的"南岭股权投资基金管理公司"获批。

11月18日，国务院印发《划转部分国有资本充实社保基金实施方案》（国发〔2017〕49号），其中规定了自本方案印发之日起，《境内证券市场转持部分国有股充实全国社会保障基金实施办法》(财企〔2009〕94号)等现行国有股转(减)持政策停止执行。施行八年的国有股转持政策迎来重大调整。

2018 年

5月9日，"一行两会"联合外汇局发布了《关于规范金融机构资产管理业务的指导意见》，加上国内实体经济下滑，企业现金短缺，私募股权基金募资受阻，募集规模大幅度下降。

受"资管新规"出台，A股上市审核趋严、上市企业数量大幅下滑，海外上市频频破发、估值倒挂等因素影响，私募股权行业整体进入资本寒冬。

2019 年

6月13日，科创板正式开板，吸引了更多科技企业在境内上市，定价全面市场化，提振了私募股权投资基金行业的信心。■

（题图提供：周舶）

中国证券博物馆大事记（2018—2019）

——中国证券博物馆

2018 年

1月24日，中央编办批复同意上海证券交易所（以下简称上交所）加挂"中国证券博物馆"牌子，负责收集、整理、保管反映我国证券发展历史和建设成就的文物，举办相关陈列展览、交流和教育活动。

2月5日，国家文物局和中国证监会联合发布《关于支持中国证券博物馆征集金融证券类藏品的通知》（文物博函〔2018〕186号），支持中国证券博物馆面向全国文博系统、证券期货系统各单位广泛征集金融证券类藏品。

11月15日，上交所成立子公司上海中证博物馆运营有限公司，主要负责博物馆的运营工作。

12月21日，中国证券博物馆在上海召开第一届理事会第一次会议，选举姜洋同志为理事长、徐毅林同志为秘书长，审议通过《中国证券博物馆章程（试行）》。

12月22日，中共中央政治局委员、上海市委书记李强视察中国证券博物馆并参观展览。同日，中国证券博物馆举行揭牌仪式，中国资本市场改革开放历程展、世界与"一带一路"交易所文化展、湘财历道藏品精华展首展。全国政协副主席梁振英、上海市市长应勇、国家文物局局长刘玉珠、中国证监会负责人出席并揭牌。

2019 年

1月14日，上交所博物馆保障部（博物馆工作领导小组办公室）成立，主要负责博物馆的保障协调工作。

1月，在湘财证券股份有限公司的支持配合下，完成历道证券博物馆全部捐赠藏品的交接。

1月22—23日，姜洋理事长分别主持召开证券史史料征集研究座谈会、期货史史料征集研究座谈会，邀请华东地区证券期货领域老同志参观博物馆，听取他们的亲历故事和建议意见。

2月，上海证券交易所国际交流合作中心进驻博物馆办公。

3月14日，博物馆保障部和博物馆运营公司联合成立博物馆党支部并召开第一次支部大会，选举产生

了党支部书记和支委。

3月23日，姜洋理事长在第九届北外滩财富与文化论坛上发表题为《中国证券博物馆与讲好中国故事》的主旨演讲。

3月，博物馆场地使用及参观启动电子化预约，实现周六向预约社会公众开放参观。

4月8日，纳斯达克首席执行官一行参观博物馆。

4月16日，姜洋理事长在北京主持召开博物馆专家顾问委员会第一次会议，听取博物馆相关工作情况汇报。

4月18日，中国证券博物馆第一届理事会第一次临时会议以书面传签方式召开，审议通过《关于聘请中国证券博物馆副馆长的提案》和《关于上海中证博物馆运营有限公司2019年预算的提案》。

4月22日，日本金融厅长官一行参观博物馆。

5月11日，澳门全国人大代表考察团一行参观博物馆。

5月18日，中国证券博物馆围绕国际博物馆日"作为文化中枢的博物馆：传统的未来"这一主题，结合新中国成立70周年，组织策划系列活动，包括利用311室名人房空间新设"周恩来在上海红色足迹专题展"；启动"承史传世·岁月流金"有奖征集活动；组织为期2天的国际博物馆日公众参观开放活动；举办"从浦江饭店到中国证券博物馆""都市、金融与上海早期电影文化"2场专题讲座。

5月22日，全国政协确定中国证券博物馆为其庆祝政协成立70周年的参观场所。

5月30日，接待十三届华东、华南等十省新任全国政协委员249人参观考察，上海市政协办公厅寄来感谢信，就博物馆"为委员们提供了代表上海公务接待最高水准的优质服务"表示感谢。

6月12日，接待上海市委常委、宣传部部长周慧琳，虹口区委书记吴信宝一行。

6月18日，博物馆与资本市场学院合作举办"资本市场早期上市公司主要负责人座谈会"，邀请上海证券市场"老八股"上市公司主要负责人参与座谈。

6月21—22日，姜洋理事长在广州分别主持召开证券史料编撰工作座谈会、期货史料编撰工作座谈会、资本市场史料收集整理工作协调会。

6月，中国证监会在"不忘初心、牢记使命"主题教育活动实施方案中将中国证券博物馆列为资本市场发展史教育点。

7月4日，接待上海市政协赵雯副主席一行。

7月6日，协助上海市外事办公室组织"上海纪念中美建交40周年沪美交往寻迹之旅"的参观接待工作。

7月24日，与北外滩街道党工委签署区域化党建协议。

7月29日，博物馆被正式列入"上海市学生社会实践基地"名单。

8月9日、12日，姜洋理事长在上海分别主持召开证券、期货史料编撰座谈会，会议明确了下一步史料研究工作方法及研究课题。

8月9日，博物馆与上海国家会计学院（亚太财

经与发展学院）签署战略合作框架协议。

9月6日，接待司法部刘炤副部长一行。

9月30日，为及时发布博物馆相关信息，更好地服务社会大众，中国证券博物馆正式上线"中国证券博物馆"微信公众号；开通"中国证券博物馆智慧导览"微信小程序，实现观众自助参观和语音导览；完成博物馆VI导视系统的一体化更新项目，提升博物馆整体人性化服务水平和专业度体验。

10月10日，接待全国人大法工委一行。

10月11日，召开博物馆第一届理事会第二次会议，会议听取了《关于中国证券博物馆揭牌以来运营情况的报告》，审议并通过了改选黄红元同志为博物馆理事会理事长。

10月25日，德黑兰证券交易所董事长一行参观博物馆。

10月，为庆祝新中国成立70周年，在博物馆公共区域推出《共和国七十年》图片展，展示新中国成立70年风雨历程。

10月，《中国证券博物馆》试刊号交付印刷。

11月13日，接待全国政协经济委员会"加强和改进对民营企业的金融服务"调研组一行。

12月20日，与中共虹口区委宣传部、人民网共同主办了"城市文化会客厅"系列活动启动仪式及第一期对话活动——"从理查饭店到中国证券博物馆"文化对话会，与会专家分别就理查饭店、浦江饭店、中国证券博物馆和北外滩的历史文化传承发展进行主题演讲，并就博物馆的发展与未来进行了探讨。

12月22日，推出"致谢2019——中国证券博物馆捐赠藏品和口述历史展"，以致敬所有公益捐赠者及口述历史者。

12月22日，组织召开"中国行业博物馆建设与发展"研讨会，会议聚焦行业博物馆建设过程中面临的问题和挑战，共商持续健康发展的路径，中国博物馆协会、中国文物报社、上海博物馆协会及19家行业博物馆的领导和专家参加了研讨会。

12月23日，组织召开"中国资本市场发展历程"研讨会，学界、业界专家共同参与，就全方位、全时期的资本市场进行研讨，为博物馆今后的研究、展览、收藏和教育工作打下了基础。■

博物馆动态

致谢2019
——中国证券博物馆捐赠藏品和口述历史展

2019年12月22日,"致谢2019——中国证券博物馆捐赠藏品和口述历史展"在中国证券博物馆开幕。本次展览由中国证券博物馆主办,旨在致谢所有公益捐赠者和口述历史者,弘扬捐赠文化,鼓励历史传承,丰富展览体系。

展览精选博物馆揭牌以来所接受的捐赠藏品196件/套,以及口述历史影片7集以飨大众。地面"几"字形的"金色河流"贯穿全展,寓意每一滴水的势能皆是无穷动力,细流汇聚而成江河、奔流入海。展厅内四扇大型屏风依次排开,如层峦叠嶂,既是对博物馆这座百年历史建筑四段光荣岁月的回望,又是对资本市场建设者、亲历者和先行者"不畏高山勇攀登、不惧险阻偏向前"的褒赞。

凝聚和发扬行业文化,积淀和涵养行业生态,历史传承,行稳致远,借此展向所有为证券行业文化努力奋斗过、无私奉献过的人们谨表由衷谢忱!推动历

a

b

c

d

图1 展览内景图

图 2　展览内景图

史前行的人,从来不会被历史所遗忘!

此次致谢展主要分为两个部分。第一部分"捐细流·以成江河",致敬所有公益捐赠者。精选捐赠股票、报刊资料和实物等展品,其中不乏晚清至今的纸质债券与股票、历史照片、证券从业者工作记录,也有各类相关纪念物品,如涓涓细流凝聚成博物馆包罗万象的证券天地。

第二部分"积跬步·以至千里",致敬所有口述历史者。在这里,可以一同观看中国早期资本市场建设者、亲历者和先行者追忆艰辛往事和生动故事。正是昔日跬步,终就今日千里之远,漫漫长路,上下求索,每一步的印迹,皆是启路明灯。在这里,搭建起过去与当下沟通、物与人对话的桥梁,倾听久违往事,追溯辉煌岁月。

在互动区域,馆标捐赠墙鸣谢捐赠者的同时,倡导观众积极参与捐赠,丰富中国证券博物馆馆藏。一侧大事记记录博物馆内涵丰富、形式多样的文化活动,文创区域展出涵盖证券文化和建筑特色的首批文创产品。

百川入海、跬步千里,中国证券博物馆继续葆守感恩谦和、敬畏历史之心,竭诚欢迎社会各界倾囊相助,并夯实基础,锐意创新,为行业文化发展构建精神坐标。■

(照片拍摄:周舶)

"承史传世·岁月流金"有奖征集活动评选结果

2019年末,我馆举行了"承史传世·岁月流金"有奖征集活动,评选结果如下:

一等奖,2名:

《"大众",与新中国证券市场一起成长》[上海大众交通〈集团〉股份有限公司、上海大众公用事业(集团)股份有限公司,杨国平]

《我的"红马甲"生涯》(南京证券股份有限公司,夏宏建)

二等奖,4名:

《无形席位交易开先河——中国证券交易制度的历史性变革》(上海证券报社,杨宇慧)

《国有煤炭第一股——郑州煤电股份公司股票上市的记忆》[郑州煤炭工业(集团)公司、郑州煤电股份公司,张玉东]

《再见,红马甲》(华泰证券股份有限公司,沈敏)

《爱建公司与股市往事》(上海爱建集团股份有限公司,沈霞)

三等奖,5名:

《我与中国证券博物馆的联想》(上海爱建集团股份有限公司,鲍幸鹜)

《记美国前总统尼克松访问上交所》(上海证券交易所,王惠众)

《中国普教第一股——记江苏吴中A股挂牌上市》(江苏吴中实业股份有限公司,李红仙)

《我在深圳的26年》(华泰证券股份有限公司,杨东阳)

《我与资本市场:黑龙江省首家商业上市公司上市始末》(秋林集团,孙博)

优秀奖,3名:

《1992年,上海大众出租汽车股份有限公司召开创立大会暨第一届股东大会》《1992年,上海大众出租汽车股份有限公司A、B股配股承销签约仪式》照片[大众交通(集团)有限公司,葛磊]

《2018年,即将揭开新篇章的浦江饭店》照片(爱普香料集团股份有限公司,叶兵)

《1996年,安徽合力股份有限公司在上交所首发上市合影留念》照片(安徽合力股份有限公司,刘翔)

组织奖,2名:

华泰证券股份有限公司
上海爱建集团股份有限公司

祝贺以上获奖个人和单位!
感谢大家的积极参与和支持!

中国证券博物馆
二〇二〇年三月

博物馆启事 MUSEUM ANNOUNCEMENT

中国证券博物馆吉祥物设计有奖征稿

为了更生动地展现中国证券博物馆品牌形象，塑造博物馆IP，现向海内外设计者征集中国证券博物馆吉祥物设计方案。

一、征集要求

（一）每位作者应征作品不超过2件。

（二）作品形象要求：

1. 吉祥物名称应琅琅上口，寓意积极向上，传播正能量。
2. 应征作品应简洁明了，构思精妙，体现中国证券期货文化内涵，与中国证券博物馆logo协调自然。
3. 应征作品造型应易于在平面、立体和电子等其他媒介传播与再创作，适于不同比例尺寸显示。
4. 应征作品必须是原创，风格不限。

二、报送要求

（一）预审报送

所有参加征稿的应征者：作品文件以压缩包上传附件的形式发送到指定邮箱：bwgrzgzh@163.com，包括提交JPG格式的图片文件和400字以内的设计理念说明文档。

压缩包及邮件命名：中国证券博物馆吉祥物有奖征稿活动＋作者姓名＋联系电话。

应征者需在2020年7月1日前完成上述报送。

（二）终审报送

入围的所有应征者：接到入围通知后需准备彩色版A4纸质样稿一份、作品电子文档一份（电子文档应以光盘形式提供A4幅面，分辨率300dpi，存储格式为AI、PSD的文件）。

邮寄或送至上海市虹口区黄浦路17号，并在信封左上角注明"中国证券博物馆吉祥物有奖征稿活动"字样。

应征者需在2020年8月15日前完成上述报送。

三、奖项设置

一等奖1名，奖金30000元（税前）；二等奖3名，每人奖金3000元（税前）；三等奖6名，每人奖金1000元（税前），均颁发相应证书。

四、特别申明

（一）应征者需确认拥有参选作品的完整著作及版权，确认提交作品从未转让或许可给任何个人或机构。如发生应征作品侵犯他人著作权的情况，由此引发的一切法律责任及后果均由投稿者自行承担，同时征稿方有权追究投稿者侵权行为给征稿方造成的一切损失。

（二）本次活动评选出的所有获奖及入围作品将被视为中国证券博物馆委托创作的作品。应征者接受奖项及奖励后，即表示同意相关权益归中国证券博物馆所有（包括知识产权、所有权、使用权、发布权、处分权等相关权利）。同时中国证券博物馆有权要求所有入围应征者对作品进行适当深化，有权以馆方认为合适的方式使用和修改该作品，开发所获得的直接和间接收益均与应征者无关。

（三）本次活动期间不会向应征者索取任何费用。

（四）主办方对本活动保留最终解释权。

五、联系方式

联系电话：021-38612189

联系邮箱：bwgrzgzh@163.com

《中国证券博物馆》征稿启事

《中国证券博物馆》由中国证券博物馆组织编写、中国金融出版社出版，旨在记录中国资本市场发展历程及重大事件，推广交流证券期货历史文化研究课题成果，留存亲历者第一手回忆性文字，发布中国证券博物馆资料库建设阶段性进展。主要栏目有：证博特稿、专题研究、人物访谈、风云笔谈、藏品撷英、资料数据等。欢迎海内外专家学者及市场亲历者踊跃投稿。

来稿要求：

一、凡涉及资本市场发展历程以及证券期货文化、历史、教育的文稿均可，要求论述明确，尊重历史，层次清晰，行文规范，资料翔实、准确、系统。文章应不涉及保密、署名无争议。

二、来稿字数不限，建议文章配3~5张图表或照片（图表请注明名称和来源）。稿件格式准确，参考文献按照GB/T7714—20155标准，采用脚注，每页连续编号，文章注释的内容依次为：作者、书名、卷册、出版社、出版年份、页码；图片格式为JPG，分辨率应不低于300dpi。请附上作者简介及联系方式。

三、编辑部根据发文要求，有可能对来稿酌情删改，如不同意，务请注明。

四、来稿一经采用即致稿酬，并赠样书两本。未采用稿件恕不退回。

联系方式：

联系电话：021-38612105
投稿信箱：zgzqbwgnk@163.com
通信地址：上海市虹口区黄浦路15号
　　　　　《中国证券博物馆》编辑部
邮政编码：200080

——《中国证券博物馆》编辑部